KB188946

소셜미디어 사역을 부탁해

소셜미디어사역을부탁해

지은이 | 황예찬
초판 발행 | 2024. 11. 27
등록번호 | 제1988-000080호
등록된 곳 | 서울특별시 용산구 서빙고로65길 38 두란노빌딩
발행처 | 사단법인 두란노서원
영업부 | 2078-3333　FAX | 080-749-3705
출판부 | 2078-3331

책 값은 뒤표지에 있습니다.
ISBN 978-89-531-4978-6　03230

독자의 의견을 기다립니다.
tpress@duranno.com　www.duranno.com

두란노서원은 바울 사도가 3차 전도여행 때 에베소에서 성령 받은 제자들을 따로 세워 하나님의 말씀으로 양육하
던 장소입니다. 사도행전 19장 8·20절의 정신에 따라 첫째 목회자를 돕는 사역과 평신도를 훈련시키는 사역, 둘째
세계선교(TIM)와 문서선교(단행본·잡지) 사역, 셋째 예수문화 및 경배와 찬양 사역, 그리고 가정·상담 사역 등을
감당하고 있습니다. 1980년 12월 22일에 창립된 두란노서원은 주님 오실 때까지 이 사역들을 계속할 것입니다.

교회친구다모여

소셜미디어
사역을
부탁해

교회와 세상을 연결하는
미디어 사역의 A to Z

두란노

추천사

한국 교회에는 여러 보석이 있습니다. 그중 저자는 소셜미디어 사역을 통해 큰 영향력을 끼치는 교회친구다모여를 통해 새로운 시대에 맞는 사역을 하고 있습니다. 이번 그의 글은 새로운 도구를 사용하여 새로운 사역을 일궈 내는 방법을 제시합니다. 진심을 담아 한 글자씩 꾹꾹 눌러 써 내려간 저자의 마음이 한국 교회의 새로운 대안이 되길 기도합니다.

홍민기 목사 | 라이트하우스무브먼트 대표, 브리지임팩트사역원 이사장

"이 책을 읽은 후, 주저해 온 인스타그램 사역을 시작했습니다." 바른 명분 없이 실리만 추구하는 글은 허망합니다. 실리를 주지 못한 채 명분만 구축해 주는 글들은 허전합니다. 명분과 실리가 동전의 양면처럼 하나가 된 글은 흡족한 즐거움을 줍니다. 이 책의 글들만 그런 즐거움을 주는 것이 아닙니다. 저자가 그렇습니다. 저자의 됨됨이와 씀씀이가 늘 저를 즐겁게 합니다. 아무것도 아닌 저를 문화사역 선배라고 부르며 내실 있게 채워 줍니다. "지금세대 기독 문화의 재건(rebuilding)"을 꿈꾸며 지금 이 시간에도 행동하고 있을 저자 곁에 끝까지 붙어 있으려 합니다.

김관영 목사 | 광야아트센터 대표

이 시대에 예수님이 오신다면 분명 소셜미디어를 하시지 않을까 상상합니다. 예수님의 꿈은 언제나 잃어버린 영혼이었고, 오늘날 그 잃어버린 영혼들이 소셜미디어에 있기 때문입니다. 저자는 교회가 어떻게 하면 건물을 넘어 예수님의 마음이 향하고 있고 영혼들이 모여 있는 그 새로운 차원의 땅 끝으로 들어가 그들의 손을 다시 복음 안에서 잡

아 줄 수 있을지 실제적이고도 뻔하지 않은 방법을 제시합니다. 예수를 믿는 누구나 소셜미디어라는 전도지로 자기 삶의 이야기와 복음을 한 영혼에게라도 매일 전할 수 있는 용기와 전략을 제안해 주는 책이 나옴에 진심으로 감사합니다.

김성경 목사 | 커뮤니티 오브 니어 담임, 교회친구다모여 메시지 크리에이터

기독교문화콘텐츠 석사 수업 시간, 교수가 질문을 던지면 그는 껌뻑이는 눈으로 잠시 생각합니다. 그러다 툭 꺼내 놓는 대답이 너무 괴이(?)하여 사람들은 일단 폭소를 터뜨립니다. 언뜻 듣기에는 동문서답 같은데 결코 쉽게 듣고 넘길 만한 대답이 아닙니다. 그의 대답에는 고민의 흔적이 담겨 있습니다. '어떻게 하면 다른 사람들과 차별화된 발상을 할까?' '어떻게 하면 진부하지 않게, 청중의 뇌리에 꽂히도록 전달할 수 있을까?' '어떤 단어를 선택하면 촌철살인을 할 수 있을까?' 그는 본능적으로 그렇게 사고하는 사람입니다. 항상 그렇습니다. 교회친구다모여가 그렇고 이 책이 그렇습니다. 무슨 추천의 말이 더 필요할까요? 일단 읽어 보십시오.

선양욱 교수 | 백석대학교 기독교문화콘텐츠 주임교수,
팻머스문화선교회 대표, 백석미래세대연구소장

예수님의 제자들이 2024년도의 한반도에 거주했다면 어떻게 복음을 전했을까요? 분명 사도들 가운데 한 명쯤은 가상 공간의 복음화를 위해 목숨을 바쳤을 것입니다. 예수님의 지상명령은 영혼이 있는 공간 어디에나 통용되기 때문입니다. 이 책은 그 실마리 한가운데로 나를 불러냅니다. 다양한 세대와 취향을 아우르며 복음을 표현해 내는 '교회친구다모여'의 영향력을 보노라면 아테네의 아레오바고에서 복음을 전하던 바울의 모습이 겹쳐 보입니다. 이 책은 전도에 대한 새로운 패러다임입니다.

이종찬 전도사 | 벧엘선교교회 청년부,
종리스찬 프로덕션 대표, 교회친구다모여 메시지 크리에이터

CONTENTS

PART 1

크리스천의 소셜미디어, 어떻게 할까요?

PART 2
소셜미디어 활용 꿀팁 대방출

크리스천은
인플루언서가 되어야한다

하나님이 내게 주신 꿈은 80억 명을 전도하는 것이다. 지구의 모든 인구를 크리스천으로 만들어, "모든 민족을 제자로 삼아"(마 28:19)라고 하신 예수 그리스도의 지상명령을 완성하는 것이 하나님의 꿈이요, 지금의 내 꿈이다. 터무니없게 들릴 수도 있다. 어쩌면 교만하다고 말할 수도 있다. 그러나 내가 본 성경에서는 분명히 믿는 우리에게 명령하고 있다. "모든 민족을 제자로 삼으라"고 말이다. 내 삶에서 이 꿈이 실현되지 않을 수도 있다. 그렇더라도 다윗의 꿈이 솔로몬의 시대에 이루어진 것처럼 다음세대에 바통을 넘길 수 있도록 튼튼한 기초를 갖추기를 바란다.

나는 하나님의 말씀 한 줄을 마음으로 받아 준행할 방법을 찾았다. 그리고 놀랍게도 소셜미디어라는 전혀 익숙하지 않은 세계로부터 실마리를 찾아 가고 있다.

한 가지 질문해 보고 싶다.

> "믿지 않는 한 사람을 크리스천(제자)으로
> 만들어 본 적이 있는가?"

나는 이것이 이 시대 '찐' 크리스천을 분별하는 가장 날카로운 질문이라고 생각한다.

교회친구다모여라는 채널을 만들기 전, 나는 청년으로서 전도 사역을 했다. 캠퍼스 곳곳을 다니며 노방전도를 하고, 비신자를 만나이름과 전화번호를 교환하고, 밥도 사주고, 교회로 인도하고, 그들을 위해 기도하고, 양육하는 일을 9년간 반복했다. 전도 경험이 있는 사람은 알겠지만, 노방전도든 관계전도든 한 사람을 교회에 나오게 하고, 크리스천이 되게 하는 일은 엄청난 시간, 노력, 돈, 심적부담, 관계적 희생을 감내하는 일이다. 지금도 한 영혼을 마음에 품고 있을 전도자들을 응원한다.

바울은 한 영혼을 전도하고 양육하는 일을 산고와 비교한다(갈 4:19). 한 영혼이 하나님 안에서 거듭난다는 것은, 누군가가 기도와헌신으로 그만한 대가를 지급하고 있다는 뜻과 같다. 나 역시 그렇게 나의 20대를 바쳐 수백 명을 교회로 인도하며 보냈지만, 그중에서 지금까지 신앙생활을 하는 사람은 손가락에 꼽을 정도다. 삶의 거의 모든 부분을 바치다시피 했지만 1년에 한두 명만 제자 삼아도 결코 적다고 할 수 없다는 사실을 깨달았다. 문득 한 가지 생각이 들었다.

> '한 명의 크리스천이 각자 딱 한 명씩만
> 전도할 수 있다면 어떨까?'

왜 세계적으로 기독교 인구가 줄고 있는가? 교회로 들어오는 사람보다 나가는 사람이 많기 때문이다. 현재 자신이 크리스천이라고 고백하는 사람들이 둘도 말고, 딱 한 사람씩만 전도한다면 어떻게 될까? 책임지고 한 영혼을 교회로 이끌어 제자를 삼고 크리스천의 길을 걷도록 돕는다면 말이다. 모든 크리스천이 다른 영혼을 마음에 품는 것! 한 세대에 한 번만 이 같은 일이 일어난다고 해도, 그것은 전례 없는 부흥의 사건이 될 것이다. 몇 세대만 이렇게 반복한다면, 우리는 실제로 모든 민족을 제자로 삼을 수가 있다!

그러나 현실은 어떨까? 주변을 둘러보면 많은 모태신앙 크리스천이 스스로 불임을 선택했다. 한 사람이 평생토록 다른 한 사람을 크리스천으로 만들지 못한다. 오히려 크리스천임을 부끄러워한다. 오죽하면 '크밍아웃'이라는 말이 생겼다. 성경의 가르침대로 빛과 소금으로 살고 싶을 수는 있다. 그러나 자신이 예수를 따르는 자, 크리스천이라고 불리는 것은 사양한다. 나는 이런 현상을 보이는 한국 교회를 몇 년 전부터 덩치 큰 소수자들이라고 부르고 있다. 크리스천의 수가 수백만 명이면 뭘 하나. 덩치만 컸지, 우리는 스스로를 부끄러워하고 있다. 전도는커녕, 세상의 문화 매체들이 기독교를 조롱할 때 한 마디의 반박도 삶으로 해낼 수 없지 않은가.

생각이 이쯤 닿자 나는 크리스천에게 영향력이 필요하겠다는 확신이 들었다. 크리스천에게로 흘러갈 영향력, 나와 같이 전도할 수 있는 사람(제자)을 만드는 것. 세상에게로 흘러갈 영향력, 세상의 문화 매체들에게 반박하는 것을 넘어서서 그것들과 경쟁해서 압도할 기독교 문화 콘텐츠들을 생산해 내는 것. 이것이 현재 한국 기독교 최대 소셜미디어 채널 교회친구다모여의 모토이다.

한 가지 재미있는 것은, 나는 그전까지 한 번도 인스타그램이라는 소셜미디어를 핸드폰에 깔아 본 적도 없는 SNS 문외한이었다는 사실이다. (그래서 이 책을 읽는 사람들은 적어도 나보다는 좋은 시작점에서 출발할 수 있다고 믿는다.) 그래서 이 책과 나의 문화사역자로서의 인생은 하나님이 100퍼센트 개입하셨다고밖에는 설명할 방법이 없다.

이 책은 교회의 소셜미디어 채널을 운영하고 싶거나, 미니스트리나 기독교 사업 등의 분야에서 소셜미디어를 이용해 홍보하고 싶거나, 기독 인플루언서로서 사역할 계획이 있는 사람들을 위해 썼다. (교회나 미니스트리의 소셜미디어 사역은 이제 홈페이지 이상으로 필수가 되었다.) 말하자면 소셜미디어를 이용해 영향력을 얻고, 그 영향력을 선한 곳에 쓰려는 사람들을 위한 책이다.

우리가 흔히 말하는 인플루언서(influencer)라는 단어는 영향력 (influence)이란 단어에서 왔다. 그래서 이 말을 살짝 부정적인 어감으로 보는 독자도 있을 수 있다. 그러나 크리스천은 당연하게도 다른 이들에게 영향력을 행사해야 하는 사람들이다. 꼭 세련된 매체로만 영향력을 끼치지 않아도 된다. 우리가 하는 모든 말과 행동은 타인에게, 특히 믿지 않는 사람들에게 하나의 메시지가 된다. 그것이 언어적이든 비언어적이든, 그것을 원했든 원하지 않았든 우리는 매일 메시지를 통해 타인에게 크고 작은 영향력을 끼치고 있는 셈이다.

그렇다면 크리스천은 이 메시지를 어떻게 정제해야 하는지를 알아야 한다. 특별히 크리스천은 소셜미디어에서의 메시지와 영향력이 어떤 방식으로 작동하는지, 어떤 원리로 이것을 키워 나갈 수 있는지를 알아야 하고, 이 도구를 선한 데 이용할 수 있어야 한다.

이 책은 지난 7여 년간 교회친구다모여를 만들고 운영해 온 과정과, 사역적이면서 동시에 실무적이라고 할 수 있는 노하우들을 차근차근히 기록하였다. 가벼운 마음으로 끝까지 함께 해주면 좋겠다.

당신의 인생이
'하나님 안에서 매일 재미있는 일로
가득 차기를' 바라면서….

PART 1

크리스천의 소셜미디어
어떻게 할까요?

01

친목을 너머
사역의 도구로

소셜미디어에 숨은 지금세대

"요즘 교회에는 다음세대가 없어"라고들 한다. 진짜일까? 적어도 '교회친구다모여'에서는 통하지 않는 말이다. 교회친구다모여는 기독교 소셜미디어 그룹으로 인스타그램, 페이스북, 카카오톡 오픈채팅방, 유튜브 등을 주 활동 무대로 삼고 있다. 총 팔로워는 현재 약 47만 명 정도 된다. 한 달 노출 수는 많게는 1,200만 회, 적게는 약 500만 회 정도다(인스타그램 기준).

놀라운 점은 이 47만여 명 팔로워의 약 80퍼센트 이상이 16세부터 39세 이하의 청년층이라는 것이다. 그들은 매일 우리가 말하는 전도와 선교, 그리고 크리스천의 건강한 라이프 스타일에 대한 이야기를 듣는다. 참고로 우리는 이들을 케어하는 일이 시급하다는 사실을 깨닫고, 다음세대보다는 '지금세대'라는 말을 만들어 사용하고 있다. 그들은 교회에서 매일 앞자리에 앉는 열정적인 청년일 수도 있고, 교적은 없지만 하나님 생각은 매일 하고 살려고 나름대로 노력하는 가나안 성도일 수도 있다.

일주일 노출 수는 약 140만 회 정도다. 우리 채널을 통해 140만 번 하나님 이야기가 누군가에게 전달되고 있다. 교회에서는 일주일에 한 번, 많으면 세 번 정도 메시지를 들을 기회가 있다면, 교회친구다모여를 통해서는 매일 두 번씩 메시지를 접할 수 있다. 이제 성도들은 소셜미디어를 통해서도 하나님을 만난다. 그만큼 소셜미디어가 성도들의 삶에 밀착해 있다. 이것만으로도 우리가 소셜미디어를 전도에 활용할 이유는 충분하다.

인스타그램은 최근 업데이트(2024. 4. 30)를 통해서 기독교 채널이라도 믿음 없는 사람들에게 차별 없이 전달될 수 있는 관심사별 노출 알고리즘을 추가했다. 창세 이래 지금처럼 한 사람이 다수에게 복음의 메시지를 전달할 수 있는 시대가 없게 된 셈이다. 그리고 교회친구다모여 팀은 그 한복판에서 복음에 트렌드를 옷 입히며 분투하고 있다.

아울러 몇 년 전부터 교회친구다모여는 온라인을 넘어 오프라인으로까지 사역의 지경을 넓혀 크리스천들을 만나기 시작했다. 2020년부터 2022년까지는 "예수님과 함께한 마지막 7일" 전시회를 열었다. 예수님의 예루살렘 입성부터 십자가 사건, 부활까지를 큐레이터와 함께 따라갈 수 있는 전시회였다. 이를 통해 약 3천 명 가량의 유료 관객을 만났다. 마지막 해에는 월 1,500명이 넘는 관객이 몰렸다.

찬양보다 말씀의 비중을 늘려 공연하고 있는 "메시지 콘서트"는 2022년에 시작해 지금까지 이어오고 있다. 한 회당 1천 명 이상 관객이 몰리며 매진 행진 중이다. 2024년 1월부터는 "원소울캠프"라는 이름의 연합 수련회를 개최하고 있다. 회당 천 명 이상의 청년, 청소년이 은혜를 받을 수 있는 자리로 만들었다. 이 모든 기적 같은 일의 시작은 인스타그램의 한 계정에서부터다.

교회친구다모여에서 진행한 오프라인 집회의 사진
위 - 원소울캠프 "Bethel"(2023)
아래 - 메시지 콘서트 "나의 무화과 나무 아래"(2022)

교회친구다모여가 운영 관리하고 있는 카카오톡 오픈채팅방에서는 약 6천여 명의 직분자(교역자 방/찬양팀 방/교사&리더 방/미디어 사역자 방)가 실시간으로 대화하고 있다. 그 밖에도 크리스천 굿즈 판매 등의 사역을 매일 이어 가고 있다.

교회친구다모여의 사무실엔 이 모든 일을 부르심으로 받은 여섯 명의 일당백 용사가 포진해 있다. 그들 한 명 한 명이 사명자가 되어 안팎의 일들을 저마다의 방법으로 파쇄해 나가고 있다. 몇 명의 팀원이 들어오고 나가고는 했지만, 3년 이상씩 오래 함께하는 팀원도 있고, 현재는 꽤 안정적으로 운영되고 있다.

교회친구다모여의 사역이 이러한 회사적 구조를 띠게 된 것은 지금으로부터 약 3-4년 전부터다. 그전까지 나는 기획, 디자인, 영상편집, 업로드를 혼자 다 하는 멀티맨으로 이 사역을 이어 오고 있었다.

입사 2주차 신입의 패기로

| 교회친구다모여는 어떻게 처음 시작했나요? |
처음부터 우리가 교회친구다모여라는 이름으로 SNS 사역을 시작한 것은 아니다. 사람이 하나님의 역사를 찾아가는 방법이 늘 그러

하듯이, 우리는 늘 우리만의 이상한 그림에서부터 시작해 하나님이 그리신 큰 그림을 깨달아 가는 방식으로 사역해 왔다.

당시 우리는 에이치스엔터테인먼트라는 이름의 기독교 공연기획사였다. 그 당시 힐송, 아발론, 커크 프랭클린, 게이트웨이 처치, 마이클 W. 스미스 등 외국 찬양팀들의 내한공연(예배)을 담당했고, 그 외의 CCM 아티스트 매니지먼트, 기독교 공연 기획 등을 주로 해왔다. 우리는 2년간 총 여덟 번의 내한 공연을 유치했는데, 당시 우리에게는 한 가지 큰 고민이 있었다.

  "힐송이 한국에 왔었어요? 아쉽다! 알았으면 갔을 텐데…."

힐송 팀이 내한하고 몇 달 후 누군가가 이런 이야기를 툭 던졌을 때, 우리는 정말이지 맥이 탁 풀렸다. '우리가 얼마나 광고를 했는데. 힐송이 왔다 갔는지조차 모르는 사람이 왜 이렇게 많은 거야?' 20년 넘게 이어 온 정통 기독교 공연 기획사에 한 가지 니즈가 생기는 순간이었다.
'우리 공연을 지지해 주는 온라인 커뮤니티가 있으면 얼마나 좋을까?' 그 무렵 나는 공연 기획, 차량 운행, 짐꾼, 무대 뒤 담당으로, 이제 고작 입사 2주 차 된 신입사원이었다. 그때 내가 손을 들었다.

  "이거, 제가 한번 해볼까요?"

그렇게 2018년 7월 1일, 우리는 원래 있던 팔로워 68명짜리 회사 계정을 손봐 '교회친구'라는 채널을 공식적으로 론칭했다. 그리고 딱 2년 후에 교회친구는 '기독교다모여'라는 페이스북 채널과 합병하며 '교회친구다모여'라는 지금의 모습을 갖추었다.

당시만 하더라도 우리는 교회친구다모여가 이만큼 성장할 것이라는 상상 자체를 할 수 없었다. 그저 '어떻게 하면 기독교 문화 공연의 티켓을 팔 수 있을까?' 하는 지극히 소시민적인 동기가 전부였기 때문이다. 그러나 채널은 우리의 예상과는 다르게, 하루가 멀다 하고 팔로워가 늘어났다. 마치 진공청소기가 먼지를 빨아들이듯 팔로워가 수백, 수천 명씩 늘었다. 자고 일어나면 비현실적으로 늘어나 있는 팔로워들을 보며, 나와 대표는 생각했다.

"이건 하나님이 우리만 잘되라고 주신 건 아닌 것 같다."

교계 전체를 위해 영향력을 환원하는 채널이 되는 것. 그것이 우리가 이 채널을 운영하는 새로운 기준이 되었다.

| 왜 이름이 교회친구다모여인가요? |
사실 나는 대표가 정한 교회친구라는 이름이 마음에 들지 않았다. 그래서 물어봤다.

"왜 하필 이름이 '교회친구'입니까?"

"교회 오빠라고 하면 좀 이상하잖아."

"그건 그러네요."

딱히 대안도 없었기 때문에 그렇게 가기로 했다. 왜 마커스라는 유명한 찬양팀도 처음에는 사람들로부터 "메이커스도 아니고 뭐야?" 같은 이야기를 들었다지 않은가. 교회친구다모여의 전전 대표이자 창립자였던 은희승 대표는 교회친구라는 네이밍에 대해 이렇게 이야기했다.

"크리스천들을 아우를 수 있는 이름이면 좋겠으니 예수, 교회, 기독교 같은 단어가 들어가야지. 오빠나 동생은 좀 그러니까 교회친구 정도면 괜찮지 않을까?"

교회친구는 처음부터 타깃과 범위를 염두에 둔 네이밍이었던 것이다. 여담으로, 우리가 '그건 좀…'이라며 손사래 쳤던 〈교회오빠〉라는 이름의 기독교 영화가 기독다큐 부문에서 역대 최고 수준의 흥행을 기록한 것은 좀 아이러니한 일이었다. 또 교회친구가 영화 〈교회오빠〉를 전담으로 홍보하게 되면서 서로가 큰 흥행을 이룬 것도 참 재미있는 추억이다.

그렇게 정해진 교회친구라는 이름의 채널은 꼭 이름을 따라갔다.

우리는 교회의 가장 친한 친구가 되어 그동안 교계에 없었던 유머 코드나 밈들을 기독교식으로 풀어낸 최초의 채널로서 활약해 왔다. 지금에야 그런 채널들이 다양하게 등장하고 있지만, 당시 게시물이나 스토리를 통해 팔로워에게 친근하게 다가간 채널은 교회친구가 유일했다.

교회나 단체의 이름을 정해야 하는 분들이 있다면 꼭 이 에피소드를 염두에 뒀으면 좋겠다. 성경이나 단어 책을 찾아 멋있는 이름을 고르기보다는 타깃과 타깃의 범위, 목적과 해야 할 일들을 반영한 이름으로 정하는 것이 더 오래 남고, 제 할 일을 찾게 된다.

혼자 하지 마라

| 가장 힘들고 막연했던 때는 언제였나요? |

채널을 만들면, 혹은 채널을 만들기 전부터 해야 할 고민이 있다. 그것이 인스타그램이든, 유튜브든, 네이버 밴드든 이 고민은 크리에이터를 계속해서 따라다닌다.

'이제부터 뭘 하지?'

그러니까 '뭘 게시할까?' 하는 고민이다. 채널에 공연 광고만 올릴 수는 없다. 교회 인스타그램을 운영한다고 해도 예배 정보만 올리는 채널을 선호하는 팔로워는 없을 것이다.

팔로워는 감동받기를 원한다. 재미있는 이야기를 원하고, 또 우리와 특별한 관계를 맺길 원한다. 그리고 그 모든 것은 콘텐츠를 통해서만 가능하다. 하지만 그 당시의 나는 인스타그램을 처음 사용해봤고, 2018년 당시 유행했던 소위 인스타 감성이라는 단어는 그냥 사진 찍을 때 묘한 파스텔 톤의 필터 처리를 하는 것 정도로만 이해하고 있었다.

이제 어쩐다? 나는 텅 빈 화면을 보고 막막함을 토했다. 20대 후반 군필 아저씨가 도전하기엔, 인스타그램은 너무나 이국적이고 반짝이는 플랫폼이었던 것이다.

　　'크리스천들을 아우를 수 있는 채널이어야 하는데…'

당시만 해도 이 채널의 목표는 한 가지였다. 크리스천들을 최대한 많이 만나는 것! 그러나 고민한다고 바로 답이 나오는 것은 아니었다. 몇 시간 고민하던 나는 기지개를 켜면서 바로 휴식 모드로 들어갔다.

'벌써 이 시간이네. 웹툰이나 보고 자야겠다.'

지금이야 바쁘다 보니 웹툰 보는 취미가 사라졌지만, 당시 나는 꽤 웹툰 마니아였다. 각 요일별로 좋아하는 작품이 있어서 밤마다 새 회차 업데이트 시간을 기다렸다가 보고 잠드는 것이 루틴일 정도였다.

그런데 그날은 좀 특이했다. 내가 보는 웹툰이 시간이 됐는데도 업데이트가 안 된 것이다. '참 나, 아무리 무료라지만 기다리는 사람을 너무 무시하는 것 아닌가?' 극성 독자였던 나는 그 웹툰의 새 회차가 왜 안 올라왔는지, 작가의 신변에 문제가 있는 것인지 포털 사이트에 검색까지 해보기 시작했다. 그렇게 툴툴거리고 있는데 내 머리에 한 가지 번뜩이는 아이디어가 떠올랐다.

'웹툰 같은 기독교 인스타그램 채널이 있다면 어떨까? 묵상 작가를 모집해서, 요일별로 콘텐츠를 만들어 올리는 거야.'

각 요일을 담당하는 작가가 생긴다면, 매일 무엇을 올려야 할지 고민하지 않아도 된다. 또, 그 작가들의 연재를 기다리는 마니아들도 생길 것이다. 이것은 그 당시 기독교뿐 아니라 어디에서도 시도하지 않던 콘텐츠 수급 방법이었다. 하나님이 주셨다고밖에는 설명할 수 없는 방법이었다. 그때 깨달은 것이 있다. 무슨 일이든 혼자

하지 않아도 된다는 사실이다. 인스타그램 운영을 맡아 하면서 이 일은 혼자 하는 일이라고 생각했다. 그런데 아니었다.

나는 곧바로 작가 영입에 착수했다. 가장 먼저 생각난 사람은 상경하기 전에 다니던 교회에서 주일학교 선생님을 하던 누나였다. 주일학교에서 아이들에게 예수님을 귀엽게 잘 그려 주던 것이 생각났다. 그러고 보니 교회에서 행사 준비를 할 때면 사람들이 입을 모아 금손이라고 누나를 칭찬하곤 했었다.

그렇게 나는 그 누나에게 연락해 우리 인스타그램 채널을 소개하고, 일주일에 한 장씩 그림묵상 연재를 해보지 않겠느냐고 제안했다. 누나도 처음에는 인스타그램을 어떻게 해야 하는지 잘 모르고 있었다. 그러나 흔쾌히 내 제안을 받아들여 주었다. 그 누나는 지금 인스타툰 연재 작가 중 최대 팔로워를 자랑하는 이화하하 작가다.

이렇게 10-12명 정도의 작가가 격주로 연재하는 환경이 조성되었다. 이 연재 방식은 교회친구다모여 시작 이래로 지금까지 7년째 고수하고 있는 전통적인 방식이 되었다.

| 월요일 | 이화하하 작가

| 화요일 | 교회친구다모여 자체 콘텐츠

| 수요일 | 윤슬 작가와 오예손 작가

| 목요일 | 샨캘리 작가와 탕자툰 작가

| 금요일 | 순글씨 작가와 로드레터 작가

| 토요일 | 이로운 작가 (이화하하 작가에 이어 두 번째로 영입되어 7년째 연재하고 있는 최장기 작가다.)

| 주일 | 김땡스 작가와 초롱이와 하나님 작가

인스타그램 채널을 혼자 운영해야 한다는 생각에 힘들 수 있다. 그러나 어떤 봉사라도 혼자 하지 않아도 된다. 혼자라는 생각으로 힘들어하는 사람들에게 나는 이 에피소드를 이야기해 주곤 한다. 여행도 혼자보다는 누군가와 함께할 때 더 멀리 가게 된다. 나 혼자였더라면 갈 수 없었을 곳까지 가기도 한다. 동역자에게 비전과 의미를 제시하고, 함께하자고 제안하는 것은 부담스러운 일일 수 있다. 그러나 동역자의 자리를 만들고 그에게 손을 내미는 일은 비저너리로서 멀리 가기 위해 숨 쉬듯이 해야 할 일인 듯하다.

교회친구다모여가 격주로 연재하는 방식을 최초로 시작하면서, 다른 다양한 매체에서도 우리 작가님들에게 관심을 보여 주었다. (이화하하 작가님은 벌써 단행본이 3권이다.) 채널과 작가가 상생하는 방식이 생겨난 것이다. 물론 이 시스템이 완벽하다고는 볼 수 없다. 우리가 속해 있는 교계의 시장이란 매우 협소해서, 생계 문제 때문에 묵상을 그만두는 작가들도 더러 있기 때문이다. 작가들의 생계를 돕는 것은 우리 팀의 가장 아프고 시급한 과제이기도 하다. (우리는 팀 차원에서 아이디어를 내고 있고, 곧 어떠한 형태가 잡히리라 기대하고 있다.)

유머를 잃은 기독교여

| 흥행 비결이 있다면 뭘까요? |

나의 영웅들 중엔 찬양 인도를 엄청나게 잘하는 찬양팀 리더도 있었고, 대사를 치는 것만으로도 회중을 울게 하는 잘생기고 예쁜 성극팀 형, 누나들도 있었다.

그런 형, 누나들을 우러러보는 내 모습은 어땠는가? 솔직히 나는 할 줄 아는 악기도 없었고, 노래도 못하면서 목소리는 컸기 때문에 민폐를 주기 일쑤였다. 연기나 워십댄스를 잘하는 것도 아니었다. 무엇보다도 나는 외모에 콤플렉스가 있었다. 지금과 달리 그때는 아무리 먹어도 살이 찌지를 않았다. 그때 내 별명이 츄파춥스였다. 몸은 빼빼 말랐는데 머리만 크다는 뜻이었다. 달란트도, 외모도 없다면 내가 승부를 걸 것은 은혜뿐이지 않은가! 그런데 나는 어쩐지 엉뚱한 쪽으로 생각이 기울었다.

　‘나는 이제 숨도 안 쉬고 웃기는 것밖에는 답이 없다.’

은혜롭기보다는 웃기는 쪽을 선택한 것이다. 좋게 말하면 오를 만한 언덕이 되는 것이었지만, 나쁘게 말하면 그냥 교회에 있는 웃긴 애가 되는 것이었다. 다행히 나는 재치가 있는 편이었다. 사람들은 내가 하는 말에 재미있게 웃어 주곤 했다. 그때 갈고 닦았던 유머 코드가 지금 교회친구다모여까지도 내려오고 있는 것 같다. 그런 맥락에서 나는 생각했다.

　‘왜 기독교 문화 콘텐츠에는 유머가 없는 거지?’

당시 온라인에 올라오는 기독교 문화 콘텐츠는 말씀이나 찬양 영상이 전부였다. 인스타그램에서는 캘리그라피나, 그림묵상이라는 장르가 떠오르던 상황이었다. 다 은혜받는 쪽으로만 콘텐츠를 만들고 있었다. 마치 가볍거나 웃음을 유발하면 큰일이라도 나듯이, 온라인에 올라오는 기독교의 모습은 품격과 진지함, 엄숙함으로 가득 차 있었다. 정말 몇 년 전까지만 해도 온라인은 그런 공간으로만 운영되고 있었다. 그런데 나는 이런 분위기가 참 이상했다.

　‘무슨 소리야? 교회가 개콘보다 재밌는데!’

여름 수련회 때 강사 목사님의 농담에 포복절도해 본 경험쯤은 다들 있을 것이다. 성탄절 성극과 콩트는 또 어떤가? 송구영신예배만 되면 집사님들이 준비하는 개그 프로그램 패러디는 정말이지 지금 당장 방송 전파를 타도 손색없을 정도이지 않은가?

교회가 이렇게 재밌는 공간인데, 온라인에서 비치는 교회의 모습은 과하게 엄숙하기만 해보였다. 그걸 안타깝게 생각했던 나는 교회친구다모여의 처음부터 유머 코드를 담은 콘텐츠를 만들어 올리기로 했다.

> "야, 그건 기독교 채널답지 않잖아."
> "너무 위험한 거 아니야?"

기독교식 유머 게시물을 처음 본 사람들이 한마디씩 했다.
그때마다 나는 그들에게 되물었다.

> "기독교 채널은 어때야 하는데?"

우리도 물론 기도하며 은혜로운 콘텐츠를 만들어 올린다. 그러나 우리가 이것을 기독교 문화라고 부르는 이상, 그 의미는 은혜로운 콘텐츠에만 국한되어선 안 된다. 문화란 인류의 지식, 신념, 행위의 총체다. 곧 문화란, 인간이 살면서 만들어 내는 모든 것을 뜻한다.

우리 삶에는 엄숙함과 딱딱함만 존재하지는 않는다. 정제되고 공식적인 목소리만 존재하지는 않는다. 분명히 웃음과 농담이 있고, 공감과 유연한 사고방식이 함께한다. 문화란 이 모든 것을 아우를 수 있어야 한다.

그렇게 나는 엄청나게 웃기거나, 또 공감되거나, 찬양이나 말씀이 아닌 정보성 카드뉴스를 만들어서 업로드했다. 여러 시도 중, 우리는 하나의 콘텐츠를 만들어 냈다.

거룩했던 기독교 소셜미디어 채널의 반란
크리스천 데이트 장소 추천 Top5(2019)

크리스천에게 데이트 코스를 추천하다니! 교회 말고, 교회 앞 초등학교 운동장 말고, 그런 것이 어디 존재하기나 했단 말인가!

지금에야 장소 추천 콘텐츠들을 쉽게 볼 수 있지만, 이런 식의 콘텐츠는 당시 기독교에서는 전혀 볼 수 없는 유형이었다. 거기다 퀄리티도 좋았다. 우리 콘텐츠의 퀄리티는 어디 내놓아도 손색이 없었다.

결과는 어땠을까? 그야말로 뜨거웠다. 좋아요가 1천 개가 넘었고, 댓글도 3백 개가 넘게 달렸다. 조회수도 6만 회나 나왔다. 사실 이 숫자들이 지금 생각해 보면 별 것 아니어 보일 수 있다. 그런데 당시로서는 눈을 씻고 다시 봐야만 믿을 수 있는 쾌거였다. 아무도 모르는 무명 채널이 갑자기 급부상하게 된 것 아닌가.

한 시간에 팔로워가 수백, 수천 명씩 늘어났다. 저녁 8시에 올린 게시물이었는데, 새로고침만 누르면 좋아요 수나 댓글이 늘어났다. 그걸 보고 있자니 어쩐지 잠이 오지 않았다. 그렇게 밤새 인사이트를 모니터링했다.

다음 날, 채널 팔로워가 처음으로 1만 명을 넘겼다.

지금은 다른 기독교 채널들이 앞다투어 재미있고 공감되는 콘텐츠들을 업로드하고 있다. 몇 년 전과 비교하면, 엄청나게 달라진 분위기다.

기독교 인스타그램 채널을 키우기 위해서는 무조건 웃기고, 공감되는 콘텐츠만 올려야 한다는 이야기가 아니다. 오히려 그 반대이다. 성경은 "너희는 이 세대를 본받지 말고 오직 마음을 새롭게 함으로 변화를 받아 하나님의 선하시고 기뻐하시고 온전하신 뜻이 무엇인지 분별하도록 하라"(롬 12:2)라고 말하고 있다.

웃음, 유머, 공감이란 좋은 것이지만, 세상에는 분명히 악한 방법으로 우리를 자극하고 웃게 하는 콘텐츠가 존재한다. 그렇다면 우리는 이 세대를 본받지 말고, 하나님 나라의 방법을 고민해야 한다. 원래 좋은 것이었던 웃음, 유머, 공감을 우리의 방법으로 꽃피워야 하는 것이다. 그렇게 우리는 교회친구다모여의 첫 슬로건을 결정했다.

하나님 안에서 매일 재미있는 일이 일어나는 곳!

우리 채널이 그런 곳이 되기를 간절히 바라는 마음에서 내가 정한 슬로건이었다. 이 문구는 지난 해까지 약 6년여간 우리를 움직이는 동력이 되어 주었다.

교친다의 유머 콘텐츠
교회 안의 용서 못 할 심쿵죄 TOP9(2021)

온라인 소셜미디어 채널의 책임감에 대하여

| 현재 소셜미디어를 운영하고 있는 사람들에게 전할 당부의 말이 있다면? |

팔로워 1만 명이 넘어갈 때쯤, 겁을 먹은 우리는 기도를 시작했다. 하루에 수천에서 수만 명이 우리의 콘텐츠를 지켜보고 있었다. 지금이야 팔로워 1만 명이 넘어가는 기독교 인플루언서들을 손으로 다 꼽을 수 없을 정도지만, 그 당시 교계에서는 정말 드문 일이었다. 어쩐지 말과 행동을 조심해야 할 것만 같았다. 또 교회를 위해 무언가 기여해야겠다는 생각이 들었다. 자연히 책임감이라는 단어가 우리 팀의 공통 단어로 떠올랐다. 앞으로 인스타그램을 직접적으로 키우기 위한 방법에 대해 이야기하겠지만, 팔로워 1만 명 이후부터는 시대를 읽는 행동을 해야했다.

우리가 책임감을 위해서 만든 규칙들은 아래와 같다.

---

1. 하루 두 번 업로드 시간을 지킨다(오전 8시, 오후 8시).
2. 맞춤법을 방송국 수준으로 검열한다.
3. 공동체와 사람을 세우는 일을 한다. (찬양팀들의 영상을 무료로 업로드 해주되, 다음과 같은 기준을 통해 퀄리티를 유지한다.)
   - 1년 이상 지속(가능)한 단체(혹은 개인)인지

- 정통 교회에 속해 있거나 교류 중인 단체(혹은 개인)인지
- 팔로워들의 눈높이에 맞는 퀄리티를 갖춘 콘텐츠인지

4. 저작권을 지킨다.

5. 큐레이션만 하지 않고, 자체적으로 콘텐츠를 제작한다.

6. 우리가 생각하는 복음의 가치와, 채널의 사명에 대해 한 달에 한 번씩 콘텐츠를 통해 팔로워들에게 전달한다.

특별히 찬양 영상을 업로드할 때는 해당 팀이 이단에 속해 있거나 물의를 빚은 적이 있는 단체인 경우도 더러 있었기에 사전에 분별하는 것이 필수였다. (요즘도 팔로워 수가 수만 명씩 되는, 꽤 많은 이단 채널이 기독교인 척 위장하고 있다. 분별이 중요하다.) 또한 우리가 생각하는 복음의 가치와, 채널의 사명에 대해 한 달에 한 번씩 노출했어야 했는데, 그것이 바로 교회친구다모여의 '오프 더 레코드'라는 코너였다. 지금은 '기독호랭이툰'이라는 이름으로 만화적인 표현을 넣고 있지만, 그때는 카드뉴스를 통해 전달했다.

교친다를 브랜딩하기 위한 콘텐츠들
위 -'오프 더 레코드'(2019) 아래 - '기독호랭이툰'(2022)

또 우리는 채널의 가장 큰 가치에 대해서도 정하게 됐는데, 그것은 다음과 같았다.

---

1. 전도와 선교
2. 지금세대에게 건강한 크리스천 라이프 스타일 제시

콘텐츠를 만들어 업로드를 할 때는 항상 이 두 가지의 가치를 잣대로 삼았다. 규칙은 조금씩 바뀌고 있지만, 이 두 가지 가치는 지금도 유지하고 있다.

그러나 이런 가치와 규칙을 세운다고 모든 책임에 대한 부담이 해소되는 것은 아니었다. 돈을 줄 테니 홍보해 달라는 이단 단체의 유혹이나 협박도 있었고, 정치적인 목적으로 접근해 어떤 콘텐츠를 업로드해 달라는 압박도 받은 적이 있다. 온라인 상의 만연한 이단 사이비들을 고발하는 콘텐츠를 올렸을 때, 그야말로 실질적이고 강도가 높은 공격을 받은 적도 있었다.

기독교 문화 콘텐츠는 각개전투이지만, 이단들의 콘텐츠는 중앙 집권적인(그래서 돈이 많고 결속력이 좋은) 시스템을 가지고 있기 때문에, 그 파워가 상당했다. 우리는 정통 교회의 매체로서 그들을 고발하고 견제하는 역할을 톡톡히 해야 했다.

'하나님'이라는 키워드를 유튜브에 쳤을 때, 정통교회보다 이단이 훨씬 많았을 때도 있었다. 우리는 그들에게서 검색어 순위를 빼앗는 작업들도 꽤나 공들여 해왔었다. 다행히 지금은 '하나님'을 검색했을 때 정통 교회의 발전된 콘텐츠들이 훨씬 많아졌다.

| 기독교 소셜미디어 채널을 어떻게 분별해야 할까요? |

아래 글은 내 개인 계정에 올린 게시물이다. 현재 기독교 소셜미디어를 운영하는 사람들을 분별하는 방법에 대해 다루었다.

[최근 1인 자기계발, 지식사업자들의 몰락에 관하여]

1. "기독교는 일반 사회에 비해 3년 늦는다"는 말이 있습니다. 일반 사회에서 유행하면, 교계에 비슷한 것이 유행하기까지 한 3년 정도 걸린다는 말입니다. (미국 교회에서 유행하는 건 5년 정도 걸린다고 합니다.) 그렇게 요즘 기독교 문화 필드에서 유행을 타고 있는 것이 바로 1인 자기계발, 지식사업을 하는 인플루언서들의 탄생입니다.

요즘 팔로우 5천-2만 정도 되는 기독교 개인 인플루언서들이 많아지고, 그들이 본인의 경험을 이야기하며 코칭, 상담, 강의, 챌린지 등을 주 수입원으로 삼는 모습들을 보실 수 있을 겁니다. 사실 이 행위 자체가 문제는 아닙니다. 건강한 코칭, 상담, 강의, 챌린지 등은 오히려 모든 그리스도인에게 권장할 만한 영역이기는 합니다.

2. 다만, 요즘 일반 사회에서 이 시장이 인증 논란으로 빠르게 몰락하고 있음을 봅니다. (크리스천 사업가라는 분들도 꽤 연루되어 있다고 들었습니다.)

> "무자본이었던 내가 연봉 10억 벌었던 썰"
> "인생 공략집! 이것만 얻으면 누구나 한 달에 5천만 원 벌 수 있다"

대충 이런 류의 제목들로 사람들을 유혹하고, 결론은 책이나 강의를 팔아서 수익을 얻는 방법입니다(소위 성공팔이). 저도 이런 책들을 사서 본 적이 있고 이러한 동기부여 영상들에게서 도움을 받은 적도 있습니다만, 지금 논란이 되고 있는 것은 스피커의 자격에 대한 부분입니다.

대부분의 지식사업자들이 자기 주장의 근간이 되는 수익을 거짓말로, 뻥튀기해서 광고하는 데 사용한다는 것이 문제였는데요. 더욱 문제는 이런 식의 방법이 큰 돈을 벌거나 많은 팔로워를 확보할 수 있다는 공식이 생기자, 한국 교회에도 이런 식의 흐름이 유행을 타고 있다는 것입니다.

3. 냉정히 말해 보자면, 한국 교회는 인스타그램, 유튜브 콘텐츠

에 대한 면역력이 전혀 없습니다. 그 인플루언서가 이단인지 아닌지, 주요 교단에서 말하는 부분에 반하는 의견을 내고 있는지, 충분히 따를만큼 성숙한 크리스천인지 아닌지, 자신의 성과를 뻥튀기하고 있는 것은 아닌지, 이런 것들을 분별할 의지가 별로 없는 것 같습니다.

'이런 죄를 짓고 도망쳤던 사람이 저기서 인플루언서로 활동하면서 시간당 얼마씩을 받으며 상담을 하고 있다.'
'본인의 신앙과는 전혀 상관없는 글을 올리는 사람이 기독교적이지 않은 강의 내용으로 기독교 인플루언서 행세를 하고 있다.'
'하나님께 직통계시를 받는 모 자매가 요상한 간증집회를 열고 다닌다.'
'어떤 인플루언서가 팔로워를 돈 주고 사서 빠른 성장을 했는데, 그 사실을 숨기고 자랑하고 있다더라.'

교회친구다모여에는 이런 분들에 대한 제보가 상당히 구체적으로, 적지 않게 오고 있습니다. 우리는 교단의 이단심문관이나 경찰이 아니기에, 그런 분들을 제지하거나 통제할 수는 없습니다. 그러나 분별은 해야겠지요.

4. 오늘은 제가 6년간 필드에 있으면서 느끼는 분별 방법을 공유하려고 합니다. 바로 세월로 증명하는 사람을 가까이하는 것

입니다. 이러한 문화 사역의 특징은, 처음은 꽤 잘되는 것처럼 보인다는 것입니다. 역동적이고 빠르게 성장하며, 매일 피드백을 받을 수 있기 때문에 사실 재능이 있는 사람이 어느 정도 원리를 파악하면 1-2만 정도의 팔로우를 얻는 것은 꽤 될만한 일입니다.

그러나 또 다른 문화 사역의 특징은 그 이후 길고 지루한 시간을 보내야 한다는 것입니다. 곧 성장이 멈추고, 이 일이 별로 돈이 안 된다는 것을 깨닫기 시작할 때가 오거든요. 매일 비슷한 피드백에 지루한 루틴만이 계속되는 시간이 올 때, 대부분은 그 시기를 넘기지 못하고 사라지게 됩니다.

일반 사회의 지식사업자들은 단기간에 큰돈을 벌어들일 수 있지만, 교계에서는 그런 식의 사업 구조를 본인이 스스로 만들어야 하는 상황이 됩니다. 당연히 한두 번 해보고, '아, 돈을 벌 수 없는 구조구나' 파악이 될 겁니다. 그러면 이제 업로드가 뜸해지는 것이죠.
결론은 일희일비하지 않으며 꾸준히 주의 길을 가는 사람들을 오래 두고 보는 것이 좋다는 이야기입니다. 하나님이 예정하신 사람들은 그 삶으로 그들을 알아본다고 하였으니까요.

_ 2024. 3. 5. 황예찬 PD 페이스북/인스타그램(@hwaaang_pd)

기독교 채널을 운영하는 것, 기독교 인플루언서가 되는 것, 온라인에서 수많은 팔로워를 얻는 목회자가 되는 것, 모두 수만 명의 사람에게 일방적으로 영향을 주게 되는 책임이 막중한 자리이지만 현재는 개인주의의 영향이 짙어서인지 인플루언서가 그만한 책임감을 갖지 않는 것이 현실이다. 그래서 크리에이터에게는 선한 양심과 책임감이, 소비자에게는 분별이 너무나 절실히 필요해졌다. 우리가 사는 시대는 한 걸음만 가면 복음이 널려 있는 시대이기는 하지만, 반대로 말하면 올바로 믿기에는 너무나 가짜가 많아 분별하기 어려운 시대이기도 한 것이다.

데이터가 없는 세대, 무한 가능성의 세대

| 지금 교회친구다모여는 무슨 생각을 하고 있나요? |

앞서 말했듯이, 교회친구다모여의 슬로건은 작년까지 "하나님 안에서 매일 재미있는 일이 일어나는 곳"이었다. 이 슬로건은 6년간 교회친구다모여를 지탱해 온 우리의 정체성 같은 문장이었다.

그러나 채널이 커지고, 같이 일하는 팀원들이 생기고, 수년간 여러 사건을 겪게 되면서, 우리는 새로운 단계로 도약해야 함을 느꼈다. 아마 모든 교회나 단체들도 그럴 것이다. 복음은 변하지 않지만, 당면한 문제는 바뀐다. 시대도 바뀐다. 바뀌는 것들이 있다면 당연히 가는 길이나 방법들도 바뀔 수 있다.

우리 앞에 떨어진 가장 큰 변화는 팬데믹이었다. 코로나19가 세상을 바꾸었다. 그것은 약 3년간 많은 생명을 앗아갔고, 많은 사람에게 집 밖으로 나가는 것에 대한 거부감을 심어 주었다. 그것은 모든 산업은 물론, 교회까지 초토화시켰다. 아직도 대부분 교회들은 팬데믹 이전의 교세를 회복하지 못하고 힘들어하고 있다.

그러나 팬데믹은 소셜미디어 채널의 부흥을 가져다주었다. 많은 사람이 바깥에 나가서 종교활동이나 콘텐츠 소비를 하는 대신, 유튜브나 인스타그램 같은 소셜미디어를 이용했다. 교회친구다모여의 팔로워도 3년간 수만 명이나 올랐다. 거의 두 배가 넘는 수치다.

그러나 전체적인 교인의 숫자가 줄었으니 마냥 좋은 상황은 아니었다. 우리 채널만 살아남았다고 좋아하는 것은 근시안적이고 어리석은 짓이다. 다른 교회의 설교를 온라인으로 들어 본 성도들의 눈이 높아져 본 교회 목사님의 설교를 판단하고 평가하는 사례들도 적잖이 생겼다. 팬데믹은 그렇게 맹수의 할퀴는 발톱처럼 교회에 짙은 상처만을 남기고 사라지는 듯해 보였다. 2023년 8월 팬데믹이 공식적으로 종료되었고, 현재에 이르러서는 오프라인 목양 현장의 사역자들에게 팬데믹에 대한 새로운 해석들이 나타나고 있음을 보게 된다.

"팬데믹은 바다 위의 태풍 같은 것이다."

분명히 태풍은 땅 위의 모든 것을 쓸어 가는 재앙이다. 하지만 태풍이 바다 위에 있을 때는 어떤가? 바닷물의 위와 아래를 뒤집어 물을 정화하고, 산소를 공급해 주어 많은 생명을 살게 한다. 태풍이 한 번 지나가고 나면 새로운 생태계가 그 안에 탄생하는 것이다. 지금 교회들이 겪고 있는 현상이 이 태풍이 지나간 후와 같다.

요즘 아이들은 3년간 교회를 나오지 않으면서 교회가 재미있는지 재미없는지에 대한 데이터 자체가 없다. 중학생이었던 친구들은 고등학생이 되어서도 청소년부가 어떻게 돌아가는지 잘 모르거나 잊어버렸다. 대학생들은 대학청년부를 제대로 경험해 보지 못했다. 심지어 교회 밖 안 믿는 사람들도 교회가 뭐 하는 곳인지에 대한 데이터가 없다.

그들에게 데이터가 없다는 것은 위기 같지만, 한편으로는 기회일 수 있다. 서울의 모 교회는 팬데믹 전에 주일학교에서 친구 초청 잔치를 하면 새로운 친구 한 명에 선생님 20명이 환영해 주는 웃지 못할 상황이 연출되곤 했는데, 팬데믹 후에 친구초청잔치를 여니 새로운 친구가 20명 넘게 왔다는 놀라운 간증도 전해 주었다.

이런 현상은 오히려 10대, 20대의 지금세대에 더욱 확실히 일어나고 있는 것 같다. 예전에는 "교회에서 밤새자! 철야하자!" 하면 재미없는 구닥다리 취급을 받았지만, 데이터가 없는 지금은 완전히 새로운 기회가 될 수 있다. 교회에서 밤에 치킨 먹는 게 얼마나 재미있는지 알려 줄 수 있는 기회가 새롭게 생긴 것이다.

그 밖에도 여중생 한 명이 기도 운동에 눈을 떠서 미션스쿨도 아닌 학교에서 1년 만에 150명을 넘게 전도해 점심시간마다 강당을 빌려 기도회를 연다는 소식이나, 군대에 전도지를 들고가 선후임은 물론 간부까지 전도했다는 청년의 소식처럼, 지금도 하나님은 일하고 계시고, 새로운 하나님의 사람들을 일으키고 계신다. 이런 현상 가운데, 우리가 주목한 부분은 이것이다.

"지금세대 아이들이 교회를 잘 모른다는 것."

심지어 부모님이 믿고 있고, 모태신앙이어도 교회에 대한 기억이나 문화가 잘 형성되어 있지 않고 있다. 3년간의 공백이 있다 보니 다 잊어버렸고, 어색해져 버린 것이다.

얼마 전 교회친구다모여에서 주최한 원소울 캠프(연합 수련회)에서 이 현상은 더욱 도드라졌다. 아이들이 기도하는 방법을, 찬양하는 방법을 모른다. 교회 안에서 어떻게 재미있게 노는지 모른다. 어떻게 섬기는지 그 방법을 모른다. 해 본 적이 없으니 모를 수밖에. 결론적으로, 우리 아이들에게는 문화가 없다. 우리가 말하는 기독교 문화, 교회 문화가 태풍이 쓸고 간 자리처럼 초토화되어 있는 상태였던 것이다. 이 점에서 교회친구다모여 팀은 새로운 역할을 찾게 되었다.

"지금세대 기독교 문화의 재건(Rebuilding)을 꿈꾼다"

이는 2024년부터 우리가 새롭게 갖게 된 슬로건이다. '지금세대'란 우리가 다음세대를 부르는 지칭어이다. 기독교 문화란, 단순히 문화 공연이나 콘텐츠를 말하는 것이 아니다. 교회 안에서 아이들이 만들어 갈 수 있는 모든 것(행동이나 창조물, 생각과 집단의식, 분위기)을 우리는 문화라고 부른다. 그리고 그것들을 재건하는 것이 앞으로 우리가 지고 갈 5년간의 새로운 사명이 되었다. 이사야 말씀이 우리의 지침이 된다.

> 그들은 오래 황폐하였던 곳을 다시 쌓을 것이며 옛부터 무너진 곳을 다시 일으킬 것이며 황폐한 성읍 곧 대대로 무너져 있던 것들을 중수할 것이며 | 사 61:4

황폐하고 무너져 있는 성읍을 새롭게 쌓는 마음으로 지금세대의 안에 있는 기독교 문화를 하나씩 재건하는 것이다. 기도하는 법을 모르면 기도하는 법을 가르쳐 준다. 찬양하면서 손을 들거나 뛰는 법을 모르면, 우리가 먼저 손을 들고 뛰어 그들에게 문화를 심어 준다. 교회 안에 얼마나 재미있는 놀이와 전통이 많은지, 그것들을 매력적이게 전달해 준다. 우리가 먼저 다가가고, 교회 안에서 성도가 하나됨이 얼마나 다정한 일이 될 수 있는지를 알려 준다.

이것이 지금 교회친구다모여의 꿈이고, 지금세대를 향한 책임감이다. 우리는 '재건'이라는 키워드로 모든 사역을 재편하고 있고, 함께 이 길을 가는 동역자와 파트너들에게도 우리의 변화를 전하고 함께 가주기를 부탁하는 과정을 겪고 있다.

등대와 같은 교회를 꿈꾼다

| 소셜미디어가 나아갈 방향은 어디쯤일까요? |

'이제, 정말 어떻게 될 것인가?'

팬데믹 때 강의를 하면서 가장 많이 다뤘던 주제였다. 현재의 나는 목양을 담당하고 있는 사역자도 아니고, 그렇다고 직분이 없는 성도라고 보기에도 애매한 상황이다. 스스로 온라인이라는 땅에 보내진 선교사라고 생각하고 이 일을 감당하고 있지만, 어떤 교회도 나를 선교사로 파송해 준 적이 없다. 그런 중간 지점에 있으면서, 교계에서 거의 유일하게 광고 채널의 역할을 감당하고 있는 기독교 마케터가 나의 포지션이기에, 내 시선을 궁금해하는 목회자분들도 계셨다. 그때마다 나의 대답은 한결같았다.

"교회는 더욱 잘될 겁니다."

현장에서는 예배가 멈추고, 성도가 줄어드는 것이 눈에 보이는데 "잘될 것이다"라고 말하는 마음이 편치는 않았다. 그러나 힘든 상황에 놓인 목회자분들을 위로하려고 일부러 만들어 낸 이야기가 아니다. 우리에겐 약속된 최후의 승리가 있으니 "어쨌든 잘될 것이다" 하는 맹목적인 이야기도 물론 아니다.

시대는 계속해서 개인주의로 흘러가고 있다. 교회도 마찬가지다. 20-30년 전엔 새벽기도가 키워드였다면 지금은 영성일기나 QT가 훨씬 더 뜨거운 키워드인 것처럼, 코로나가 개인주의를 가속화해 버렸다. 공동체 형태인 교회 안에 있는 우리는 그들이 얼마나 혼자인지 짐작할 수조차 없을 정도로 지금 사람들은 점점 혼자가 되어 가고 있다. 그러나 개인주의가 가속화될수록, 인간의 함께하고자 하는 욕구, 연결되고자 하는 욕구는 반대급부로 올라가게 된다.

'혼자 있고 싶지만, 진짜 혼자는 싫어.'

이러한 모순적인 인간의 욕구는 '연결' '소셜미디어' '콜라보' '큐레이션' '커뮤니티'와 같은 단어들로 대변되고 있다. 그야말로 이런 단어들이 시대를 읽게 만들어 주는 것이다. 사람 많은 것은 싫고, 그렇다고 혼자 있는 것은 외롭다. 그래서 요즘은 '소셜 살롱' '마을 커뮤니티' '느슨한 연대' 같은 키워드들이 많이 회자되곤 한다. 강제성 있는 공동체는 싫지만 다른 사람에게서 느껴지는 따뜻함은 필요하다는 것이다.

시대를 이 정도만 살짝 엿보기만 해도 우리는 알 수 있다. 오프라인에서 따뜻함의 최고는 누구인가? '커뮤니티' '환대'라는 단어의 원조는 누구인가? 바로 우리 교회가 아니던가!

그래서 나는 교회가 더욱 잘될 것이고, 앞으로의 시대에 큰 기회가 올 것으로 예상한다. 특별히 소그룹 공동체가 강화되어 있는 교회들, 지역 사회와 함께 가는 특색 있는 개척교회들에게 이 기회의 문은 활짝 열려 있을 것이다.

그러나 반대로, 요즘 자본들이 이러한 소셜 살롱, 마을 커뮤니티의 역할들을 대체하려는 움직임들이 있다. 교회가 당연히 경계해야 할 것이다. 좋은 소그룹 모델이 나와서 이러한 흐름을 교회에서 주도하는 것도 기대해 봄직하다.

개인주의, 인본주의가 팽배하고, 더욱 더 가속화되어 가고 있는 시대. '각자도생'이라는 단어가 절로 나올 만큼 어둡고 외로운 이 시대. 등대와 같은 교회들, 따뜻한 환대가 있는 소그룹들이 갈 곳 없는 도시인들을 맞이해 주는 그림을 꿈꾸게 된다.

이러한 때에 소셜미디어의 역할은 이 시대와, 교회의 중간 지점에 있다. 소셜미디어를 이용하는 사람들의 마음을 헤아리고, 그 사람들이 원하는 따뜻함이 교회에 충만히 흐르고 있다는 것을 알려 주는 일, 그리고 그 따뜻한 교회를 함께 만들어 가는 일, 그것이 우리의 역할이 아닐까 생각해 본다.

02

미디어 속에
땅끝이 있다

소셜미디어, 안 해도 된다

분명히 해두고 싶은 것이 있다. 사역의 답은 소셜미디어가 아니다. 유튜브도 아니고, 인스타그램도 아니고, 틱톡도 아니다. 이것들은 모두 도구에 불과하다. 심지어 사용하는 사역자를 중독시키고, 매몰시킬 수 있는 위험성도 가지고 있는 양날의 검이다.

> "사역의 답은 부르심에 있다."

하나님이 유튜브, 인스타그램 같은 것에 노출될 일 없이, 섬마을에서 두세 명의 할머니 할아버지를 섬기는 일에 당신을 부르셨고 그 일을 기뻐하신다면, 그 일에 충성하는 것이 답이다. 두세 명의 영혼만 잘 섬기면 되는데, 굳이 수천, 수만 명을 위한 소셜미디어를 운영할 이유가 없다. 그것은 부르심 밖에 있는 일이다. (기록을 위한 순수한 의도라면 모를까.)

많은 사역자가 부르심을 착각한다. 다른 이들의 부르심을 동경하기도 한다. 그래서 시간 낭비를 한다.

> 우리가 한 몸에 많은 지체를 가졌으나 모든 지체가 같은 기능을 가진 것이 아니니 | 롬 12:4

우리는 그리스도 안에서 한 지체이지만, 주신 은혜대로 받은 은사가 각각 다르고, 그 역할도 다르다. 왼손과 오른손도 각기 하는 일이 다르듯이, 완전히 똑같은 부르심은 없다. (그래서 다른 단체나 교회가 해서 잘됐다는 전도폭발 사례 같은 것을 똑같이 가져올 필요가 없다고 생각한다.)

그래서 우리는 소셜미디어를 어떻게 할지를 이야기하기 전에, 하나님이 나를 어떻게 부르셨는지에 대한 점검을 먼저 해야만 한다. 하나님이 지역 교회 목회자로 부르셨는지, 혹은 신실함으로 교회를 섬기는 성도로 부르셨는지, 교회의 한 기둥을 담당하는 직분자로 부르셨는지, 아니면 파라처치의 공동체 대표로 부르셨는지 말이다.

지역 교회라고 다 똑같은 부르심과 목회 방침을 가지고 있는 것이 아니고, 성도라고 다 똑같은 부르심으로 교회를 섬기는 것은 아니다. 교회와 세상 안에서의 겹치지 않는 역할이 다 있을 것이다. 그 모든 다른 역할이 어우러지는 것이 바로 교회다.

어디로 부르셨고, 어떤 일하는 것을 기뻐하시는지에 대한 점검이 끝났다면 그제야 소셜미디어는 도구로 활용될 수 있다. 하나님이 우리 동네를 바꾸는 일에 교회를 부르셨는가? 그러면 동네 사람들을 타깃으로 한 소셜미디어 채널을 만들 수 있다. 하나님이 직장 내에서의 유일한 빛과 소금으로 나를 부르셨는가? 그러면 빛과 소금이 어떻게 사는지 보여 주는 채널을 만들어 운영할 수 있다. 그것을 위한 세련된 여러 방법을 적용할 수도 있을 것이다.

남들과 겹치지 않는 나의 역할(부르심)을 찾는 것을 세상에서는(특히 스타트업씬에서는) '브랜딩' 혹은 '퍼스널 브랜딩'이라고 부른다. 5-10년 사이에 유행한 이 개념을 우리는 2천 년도 더 전부터 영혼에 새기고 있었던 것이다. 이야, 그러니 기독교가 세상을 선도해 올 수밖에!

이 장에서는 크리스천이 왜 소셜미디어를 해야 하고, 어떻게 하면 좋은지에 대한 짧은 이야기들을 할 예정이다.

우리의 모든 행동은 메시지가 된다

앞서 말했듯이 우리의 모든 행동은 메시지가 된다. 믿지 않는 사람들은 우리의 말과 행동을 통해 예수님과 교회의 이미지를 마음 속에 투영한다. 당신이 크리스천인데 마치 하나님이 없는 것처럼 행동한다면, 그것을 본 믿지 않는 사람들은 당연히 하나님이 없다고 받아들일 것이다.

이것은 꼭 종교적인 부분에만 적용되는 것이 아니다. 버네사 본스
(Vanessa Bohns) 코넬대학교 노사관계대학원(ILR) 교수는 "특별한 노
력 없이도 사람들은 타인에게 영향을 미칠 수 있다. 가령 누군가가
나의 행동을 보고 본인 행동을 바꿀 수 있다. 혹은 개인이 즉흥적으
로 한 말이 누군가에게 '종이 울리는' 의견이 될 수도 있다. 따라서
'영향'은 전통적으로 간주되어 온 '공식적 자리에서 격식을 차려
타인을 설득한다'는 개념보다 훨씬 더 포괄적이다"* 라고 말했다.

꼭 단 위에 서서 설교해야만, 메시지를 전달하고 영향력을 행사하
는 것이 아니라는 것이다. 비단 소셜미디어에만 해당하는 이야기
가 아닌 것 정도는 다들 알 것이다. 이미 우리는 무의식적인 말과
행동으로 메시지를 주고 있다. 이때 진정 필요한 것은 메시지를 관
리하는 것이다. 소셜미디어에서뿐만 아니라, 우리의 교회, 일터,
학교, 가정에서 말이다.

지금은 한 사람의 영향력이 그 어느 때보다 큰 시대이다. 한 사람이
수천, 수억 명에게 영향력을 끼칠 수 있는 시대가 되었다. 소셜미디
어가 세상을 이토록 좁게 만들어 버렸다. 소셜미디어를 도구로 이
용하려는 크리스천은 이러한 세상과 소셜미디어의 구조를 이해할

---

* 〈성격과 사회심리학 회보(Personality and Social Psychology Bulletin)〉 저널에 게재된
논문 "단순한 선행이 사실 단순한 행동이 아닌 이유(Why a Simple Act of Kindness Is
Not as Simple as It Seems: Underestimating the Positive Impact of Our Compliments on
Others)"

필요가 있다. 소셜미디어는 메시지를 의식적으로 관리하지 않으면 안 된다.

단 한 장의 사진에도, 한 줄의 글에도 메시지가 들어 있다. "다이어트 해야지!"라는 글에 갓 배달 온 치킨 사진이 있다면 우리는 어떤 메시지를 받게 될까? 도출되는 메시지는 당연히 모순일 것이다. "오빠가 사준 생일선물, 하지만 난 오빠만 있으면 돼"라는 글에 천만 원짜리 명품 가방 사진이 있다면 우리는 어떤 메시지를 받게 될까? 자랑, 허영심, 부러움과 같은 메시지를 받게 되지 않을까? 극단적인 예를 들었지만, 이는 대부분의 크리스천이 소셜미디어에서 하고 있는 실수다.

나는 삶을 기록한다는 핑계로 자랑하고 있지는 않은가? 지식을 뽐내거나, 진짜 내 모습이 아닌 편집된 모습만을 올리고 있지는 않은가? 프로필에 성경 말씀을 액세서리처럼 달고, 올리는 사진들은 술병이나 몸매 자랑이지는 않은가? 모순이나 허영심을 메시지로 내보내고 있지는 않느냐 이 말이다.

우리가 메시지를 관리한다는 것은 곧 목적을 갖게 된다는 것이다. 우리는 모두 세상의 등불로 빛과 소금으로 부름받았고, 그리스도의 증인으로 세워졌다. 이것이 우리가 소셜미디어를 이용하는, (건강하지 않은 메시지를 올리지 않는) 가장 기초적인 목적일 수 있다.

> 그러나 내게는 우리 주 예수 그리스도의 십자가 외에 결코 자랑할 것이 없으니 그리스도로 말미암아 세상이 나를 대하여 십자가에 못 박히고 내가 또한 세상을 대하여 그러하니라 | 갈 6:14

우리가 자랑할 것은 예수 그리스도의 십자가 밖에는 없다. 그렇다고 소셜미디어에 매일 십자가만 올리라는 말은 아니다. 우리는 우리의 과거와, 하나님으로 인해 변화한 지금의 내 모습을 알고 있다. 크리스천으로서 건강한 라이프 스타일을 살고 있고, 때로는 죄와 처절하게 싸우며 살기도 한다. 이 모든 것이 소셜미디어에서 우리가 내보낼 수 있는 하나의 메시지가 될 수 있다.

하나님 안에서 얼마나 행복한지, 꼭 하나님 이야기를 하지 않더라도, 내 안의 예수 그리스도로 인한 선한 동기에서 비롯된 이야기들을 얼마든지 메시지로 만들 수 있다. 메시지는 교회에서, 강단 위의, 설교자만 내는 것이 아니다. 하나님은 목사님들만 증인으로 부르지 않았다. 오히려 주변 사람들에게서의 이러한 소소한 메시지가 삶에 크게 영향력을 행사한다는 연구 결과가 쏟아지고 있다. 알게 모르게 우리 모두는 소셜미디어를 통해 (좋든 좋지 않든) 메신저로 등 떠밀리고 있는 것이다. 이것이 우리가 소셜미디어를 건강하게 이용해야 하는 이유이고, 또한 건강하지 않은 콘텐츠들을 분별해야 하는 이유이다.

우리가 소셜미디어를 해야할 이유

인스타그램이나, 유튜브를 왜 해야 할까? 이게 사역에 무슨 도움이 되며, 신앙생활에는 무슨 도움이 될까? 막연히 전도에 도움이 될 거라고는 생각했는데, 전도에 도움이 정확히 어떻게 된다는 말일까? 우리 삶의 여정에 소셜미디어가 어떤 영향을 줄 수 있을까?

앞서 소셜미디어를 안 해도 될 이유에 대해서 설명했다. 부르심에 따라 안 하는 것도 정답이라는 이야기였다. 그러나 소셜미디어를 우리가 해야 한다면 다음 세 가지의 이유일 것이라고 생각한다.

| 첫째, 시대가 변했다. |

2018년, KWMA(한국세계선교협의회, The Korea World Missions Association)에서는 제 17회 한국선교지도자포럼에서 이렇게 외쳤다.

> "이제 '땅끝'의 개념은 땅에 국한되어 있지 않다. 이미 '끝'은
> 인터넷이나 매체를 통해 확장되어 있다!"

대부분의 선교단체가 속해 있는, 한국 선교의 중심 기관이라고 할 수 있는 KWMA의 이 이야기는 소셜미디어를 운영하는 사역단체로서 무겁게 받아들일 수 밖에 없는 내용이다. 왜 (땅)끝이 인터넷이나 매체를 통해 확장되었다고 말할까? 그곳에 우리의 선교 대상

이 있고, 그들은 그 어떤 나라보다 더욱 독특한 그들만의 문화를 형성하고 있기 때문이다.

솔직히 우리 크리스천들, 특히 목회자들은 고이면 고일 수록 인맥 중에 크리스천 아닌 사람이 엄청 드물어진다. 일하면서 만나는 사람들 말고, 진정 가까이하는 사람들은 크리스천이 될 수밖에 없다. 이 인맥이 자꾸 교회 공동체 안쪽으로 수렴되는 것을 성도든 사역자든 할 것 없이 느끼곤 한다. 이런 상황에 우리가 전도 대상자들에게 다가갈 수 있는 가장 쉬운 방법은 바로 우리 교회나 목회자 자신을 소셜미디어에 전시하는 방법이다. 소셜미디어 안에 우리의 전도 대상자들이 있고, 교회를 찾고 있는 사람들이 있다.

가장 강력한 시대의 변화라고 하면, 단연 코로나로 인한 비대면 시대의 확장일 것이다. 이것은 교회에 새로운 사역 현장을 제시한다. 우리 교회친구다모여팀의 오랜 동역자인 김태훈 목사님(제일한주교회 담임, 총회자립개발원 교육팀장)이 늘 하는 이야기가 있다.

> "요즘 줌(ZOOM)이나, 유튜브로 비대면 사역 많이 하시죠? 그런데 이런 비대면 사역도 원조가 따로 있더라고요. 그게 누군지 아세요? 바로 옥중서신을 썼던 사도 바울이었습니다."

처음 이 말을 들었을 때 장내가 웃음으로 가득찼다. 비대면 사역의 원조가 바울이었다니! 그는 감옥에 있었으니 옥중에서 편지로밖에 소통할 수 없었다. 그렇게 탄생한 책이 골로새서(A.D. 62), 빌레몬서(A.D. 62), 에베소서(A.D. 62), 그리고 빌립보서(A.D. 63)와 같은 주옥같은 성경들이다.

바울은 옥중서신과 같이 자신의 상황뿐 아니라, 그 시대의 문화도 전도의 목적으로 적극 활용했다. 전도를 위해서라면 뭐든, 어떻게든 이용하려는 의지가 엿보인다. 그렇기에 바울 이야기가 나오면, 동료 소셜미디어 사역자들은 이런 이야기도 많이 한다.

> "바울이 현대에 살아 있었다면, 분명히 인스타그램이나 유튜브로 사역했을 거야."

아레오바고에서 바울은 청중의 문화와 그 세계관을 이해하고, 그들과 접촉점을 만들기 위해 그리스-로마의 수사학적 방식을 이용해서 복음을 전했다. 그 과정 중에 조롱도 받았지만, 다른 문화권과 세계관을 이해하고 그것에 맞게 복음을 상황화했다는 것 자체가 선교적인 좋은 모범이라고 생각한다.

> ··· 무슨 방도로 하든지 전파되는 것은 그리스도니 이로써 나는 기뻐하고 또한 기뻐하리라 | 빌 1:18

이 말씀이 꼭 이 상황과 맞지는 않지만, 나는 사도 바울이 어떤 불타는 마음을 가지고 복음 전파에 미쳐 있었는지 이해가 된다.

복음의 전달을 위해서는 시대와 상황의 변화, 문화의 다름까지 적극적으로 이용하려 했던 그 열정을 이어받고 싶다. 지금 소셜미디어를 통해 복음과 하나님 나라의 메시지를 전하려는 모든 사람이 사도 바울을 닮은 자들이라고 말할 수 있지 않을까.

| 둘째, 하나님은 리더를 통해 역사하신다. |

이 부분은 교회나 단체, 미니스트리의 리더십에게 해당하는 부분이다. 만약에 우리가 어떠한 목회 철학이나 좋은 로드맵을 가지고 있다면, 그것을 가장 잘 설명해 줄 수 있는 플랫폼은 바로 소셜미디어라고 할 수 있다.

유튜브의 '구독(subscribe)'은 인스타그램과 페이스북에서의 '팔로우(follow)'라는 이름의 기능으로 대체된다. 그렇다면 팔로우는 어떨 때 사용하는 기능일까? 바로 리딩(leading)하는 사람을 따라갈 때 우리는 팔로우 버튼을 누르게 된다. 그러므로 소셜미디어는 누구나 리더가 될 수 있는 플랫폼이다. 그렇다면 리더는 이 플랫폼을 어떻게 이용할 수 있을까?

> "교회는 일주일에 한두 번 만나지만, 우리는 일주일에 열네 번을 만납니다." – 교회친구다모여 오프 더 레코드 콘텐츠 중에서

이 문장은 교회친구다모여의 소셜미디어 운영에 대한 초기 콘셉트가 담긴 슬로건 중 하나였다.

교회친구다모여는 지금도 아침에 한 개, 저녁에 한 개, 하루 총 두 개의 콘텐츠를 업로드하고 있다. 이것은 6년 넘게 우리가 유지해온 루틴과도 같은 운영 방침이다. 그래서 일주일에는 열네 개의 콘텐츠가 올라가고, 1년에 약 730번의 콘텐츠가 팔로워에게 전달되고 있다.

현재 교회친구다모여의 인스타그램 팔로워는 약 15만 명. 하루 평균 20만 회 이상의 조회수가 나오고 있는데, 사실 이 정도 규모의 오프라인 교회는 세계적으로 많지는 않을 것이라고 생각한다.

그런데 교회는 일주일에 성도를 몇 번 만날까? 주일예배, 수요예배, 금요예배를 모두 참석한다면 리더의 메시지를 전할 시간이 일주일에 세 번 정도 있을 것이다. 새벽기도를 모두 포함한다고 해도 채 열 번을 만날 수가 없다. 더욱이, 강단에서 개인적이거나 감성적인 메시지, 짧고 강력한 메시지를 전하는 것도 어려울 것이다.

그러나 소셜미디어는 우리의 팔로워들이 매일 가지고 다니는 스마트폰 안에 있기 때문에, 우리만 성실히 임한다면 그들을 매일 만나고 마음 문을 두드릴 수가 있다.

리더의 시시콜콜한 이야기, 비전에 대한 단상, 오늘의 말씀 묵상은 물론 콘텐츠의 짧고 굵기까지 알아서 편집할 수도 있다.

이는 단순히 우리 리더들의 팬을 만들자는 이야기는 아니다. 우리를 팔로우하는 사람들에게, 우리의 메시지를 수시로 전하고, 그들에게 변화와 비전에 대한 동참을 요구할 수가 있다는 것이다.

| 셋째, '지금세대'는 홈페이지를 찾지 않는다. |

우리 교회에 관심이 있는 사람이 있다면, 그들은 어떻게 행동할까? 멀리 갈 것도 없이, 우리에게 관심 있는 교회나 목회자가 있다면 우리는 무엇부터 찾아보게 될까? 아마 유튜브에서 그 목회자의 설교를 찾아볼 것이다. 세상이 이렇게 바뀌었다. 이제 포털사이트 검색을 통해 교회를 찾고, 홈페이지에서 목회자의 사진과 약력을 찾아보던 시대는 끝난 지가 오래다.

그런데 젊은이들, 지금세대는 여기서 한 걸음 더 나아간다. 만약 사역의 타깃이 청년이라면, 인스타그램은 중요하다. 이들은 인스타그램을 통해 교회를 보기 때문이다. 그 교회나, 목회자 계정의 전체적인 피드 분위기는 어떤지, 사진을 어떻게 찍었는지(색감, 구도, 분위기)도 살핀다. 심지어 그 사진 속에 묻어 있는 사람들의 비주얼도 보고, '이곳에 내가 들어가면 어떨까' 하는 상상까지 한다. 이들이 교회를 찾아가는 방식이 요즘은 이렇게 바뀌고 있다.

그래선지 요즘은 교회 홈페이지라는 게 크게 중요하지가 않아졌다. 물론 홈페이지를 아직도 잘 활용하고 있는 교회도 많다. 그렇지만 인스타그램과 유튜브만 잘 활용하더라도 홈페이지가 가진 기능의 상당 부분을 커버할 수 있다. 지금은 오히려 접근성이 좋은 인스타그램과 유튜브가 더욱 활용성이 높아지는 추세다.

지금 인스타그램에 도전해야 할 이유

우리가 인스타그램을 해야 할 이유가 얼마 전 하나 더 생겼다. 2024년 4월 30일, 인스타그램은 새로운 알고리즘을 선보이며 대규모 업데이트를 했다. 업데이트 내용을 요약하자면 아래와 같다.

1. 모든 크리에이터에게 동등한 노출 기회를 준다. (기존의 팔로우가 얼마였든 관계없이)
2. 중복된 콘텐츠를 업로드하는 것에 패널티를 준다.

사실 모든 크리에이터에게 동등한 노출 기회를 준다는 것은 그동안 기독교 팔로워를 모아 온 교회친구다모여에는 좋은 소식은 아니었다. 바로 5월 1일부터, 우리는 콘텐츠가 타깃에 정확하게 전달되지 않고, 조회수와 반응이 조금씩 떨어지고 있다는 것을 바로 느꼈다. 그도 그럴 것이, 팔로우가 1이든 1억이든, 이제는 콘텐츠의 질로 도달 수를 결정하겠다는 것이 이번 인스타그램 업데이트의 핵심이기 때문이다.

팔로워가 많아도 콘텐츠를 긴장하며 만들어야 한다. 다른 곳의 콘텐츠를 퍼올 수도 없다. 중복에 패널티를 준다고 했기 때문이다. 더욱더 크리에이터의 센스와 실력이 중요해지는, 정글과도 같은 환경이 완성된 셈이다.
바꿔 말하면, 이번 업데이트는 신생 채널들과 단체들에게 큰 기회이기도 하다. 팔로워가 한 명도 없어도 대형 채널들과 같은 출발선에 설 수 있다. 마치 새로운 크리에이터들이 도전할 수 있는 장을 마련하는 것이 목표인 듯한 업데이트 내용이었다.

그런데 우리는 이번 업데이트를 통해 하나의 당연하지만 인사이트가 되는 사실을 깨닫게 되었다. 이 업데이트 내용이 가진 함의가 기독교 채널로서는 꽤 큰 것이었는데, 그 이유는 더 이상 우리의 콘텐츠가 크리스천들에게만 전달되는 것이 아니게 된다는 뜻이었기 때문이다. 이 업데이트를 통해 기독교 채널의 콘텐츠라도 믿지 않는 사람들에게까지 무작위로 도달할 수 있게 되었다. 실제로 우리는 팔로워의 99퍼센트가 크리스천인 기독교 채널인데, 우리 콘텐츠가 팔로워뿐 아니라 믿지 않는 사람들에게까지 무작위로 노출되기 시작한 것이다.

계속 시행착오를 해나가며 타깃에 정확하게 전달되는 방법을 찾아 나가야겠지만, 당장 이 상황은(당황스럽긴 해도) 우리에게 꽤 신선하게 다가왔다.

'전도할 기회다!'

욕은 먹더라도, 우리의 이야기가 여러 안 믿는 사람들에게 전달될 수 있다. 전화위복이라는 게 이런 걸까? 지금 교회친구다모여의 콘텐츠를 보고 있는 사람 중 팔로우 하지 않는 사람의 숫자가 5월 이전에 비해 세 배가 늘었다. 이는 바뀐 알고리즘이 줄기차게 우리를 모를법한 사람들에게 우리 콘텐츠를 전달하고 있다는 뜻이다.

"어쩐지 악성 댓글이 늘었더라고요."

직원의 볼멘 소리를 보고받을 때 헛웃음이 나기는 했지만, 세상과 사람이 바뀌는 경천동지할 복음을 전하는데 어떻게 탈이 안 날 수가 있으랴. 그러려니 한다. 우리가 인스타그램을 해야 할 이유, 바로 지금 창세 이래로 가장 비신자와 접촉하기 쉬운 도구가 생겼기 때문이다.

소셜미디어, 어떻게 운영할 것인가

여기까지 책을 읽었지만, 여전히 '교회 인스타그램을 만들자' '목회에 도움이 되는 개인 계정을 만들어 보자'라고 하면 무엇부터 해야 할지 막막할 것이다.

그런 사람들을 위해, 최근 인스타그램에서 다른 교회나 사역 단체, 개인들이 어떻게 소셜미디어를 운영하고 있는지, 세 가지 정도로 분류해 보았다. 계정을 운영해 보고자 하는 사람이라면 한번 '나는 어떤 것이 어울릴까?' '나의 부르심에는 어떤 방법이 도움이 될까?' 생각하면서 읽어 보는 것도 좋을 듯하다.

| 첫째, 퍼스널 브랜딩 계정이다. |

목회자의 개인 SNS는 강력한 메시지 창구가 된다

말이 퍼스널 브랜딩 계정이지, 사실상 일기장, 보고서, 편지글이라고 보는 게 알맞다. 퍼스널 브랜딩 계정은 그저 내가 어떤 일을 하고 어떤 생각을 하는지 알려 주는, 일기나 짧은 칼럼 등을 위주로 연재하는 계정이라고 볼 수 있다. 알려진 인플루언서의 퍼스널 브랜딩 계정은 어마어마한 경제적인 효과 또한 가지고 있다.

유명 목사님의 퍼스널 브랜딩 계정에 가끔씩 공연, 후원, 책 추천 같은 것들이 올라오면 나는 꼭 그 물건을 판매하는 온라인 쇼핑몰에 들어가 보곤 한다. 그러면 꼭 그 공연은 매진되기 일쑤고, 책은 베스트셀러가 되기도 한다.

글만 쓸 수 있으면 되니까, 누구나 충분히 끈기만 가진다면 이용할 수 있는 방법이기도 하다. 예시로는 경제적인 효과까지 큰 유명 목사님을 들었지만, 이 방법은 따지고 보면 주변인들에게 영향을 미치고 싶은 마이크로 인플루언서들에게 더욱 적당한 방법이라고 볼 수 있다.

나 또한 개인 계정을 이렇게 활용하고 있다. 대부분 교회친구다모여 사역을 하면서 있었던 일에 대한 생각이나, 사역적인 철학을 공유한다. 가끔 이런 게시글을 통해 내 근황을 접하거나, 내 생각에 동의하는 동역자들이 생기면, 새로운 프로젝트가 열리기도 한다. 퍼스널 브랜딩 계정은 가까운 동역자들에게 내가 어떤 사람이고,

지금 어떤 일을 어떤 마음으로 하고 있는지 전하기에 좋은 방법이라고 할 수 있다.

| 둘째, 단체의 사진 계정이다. |

커뮤니티 오브 니어(김성경 목사 담임)

교회라면 주일 예배나 행사 등의 사진들을 올리는 계정을 만들어 볼 수 있다. 이러한 계정은 하루에 한 번이면 가장 좋겠지만, 일주일에 날을 정해 꾸준히 업로드하는 것이 중요하다. 전에 언급했던 교회 홈페이지의 대체라고도 볼 수 있다. 지금세대는 이런 것을 보고 교회를 판단한다. 그렇다면 이렇게 반문할 수도 있다.

> '교회가 예배가 중요하지, 예배 사진을 감성적이게 찍는 게 중요한가?'

분명히 이야기하고 싶다. 이것은 교회의 전부가 아니다. 오히려 교회의 가장 아름다운 하이라이트만 보여 주는 것이다. 하지만 이런 사진들을 주기적으로 업로드하는 것을 통해서, 우리는 보는 사람들에게 한 가지 중요한 메시지를 전달할 수 있다.

> '우리 교회가 지금도 살아 있다.'
> '우리 교회의 문이 오늘도 열려 있다!'

최근에 올라온 사진이 있다면 더욱 좋다. 우리 교회가 아직 살아 있다는 증거들이 업로드 되고 있는 것이 중요하다. 만약에 교회를 찾는 가나안 성도가 우리 교회 계정을 찾아왔는데, 마지막에 올라온 사진이 2년 전 사진이라면? 아마 우리 교회에 대한 신뢰도가 뚝 떨어질 것이다.

이렇게 사진을 찍어서 업로드하는 것은, 교회가 감성적인 것을 뽐내는 것 이상의 메시지를 전달한다. 이는 단체나, 하다못해 동네에서 식당을 운영하는 데도 적용되는 법칙이다.

사진을 예쁘게 찍는 것은 부차적인 문제이기는 하지만, 만약 내 사진이 예쁘게 찍혀서(허락 하에) 교회 인스타그램에 전시된다고 생각해 보자. 교회에 대한 소속감도 높아질 수 있는 좋은 방안이 될 수 있을 것이다.

| 셋째, 콘텐츠 계정이다. |

종리스찬(이종찬 전도사 개인 계정)

실제 불특정 다수에게 영향을 미치려는 계정 운영 방식이다. 본인의 설교를 영상이나 글로 연재하고, 또한 재미있는 콘텐츠를 만들어 업로드하기도 한다. 지역 교회 목회에는 사실 어울리지 않을 수있다. 콘텐츠를 기획하고 만드는 과정은 생각보다 에너지가 많이소진되기 때문에, 혼자서 목양과 병행하는 것은 어렵다.

그러나 최근 많은 사역자가 기존 교회나 미니스트리와는 차별화된 방식의 콘텐츠들을 통해 다수의 크리스천에게 눈도장을 찍고있다. 목회자가 아닌 청년들도 개인 인플루언서로서 크리스천 콘텐츠 계정을 운영하기도 한다. 몇 개월 만에 1-2만 이상의 팔로워를 확보하는 계정도 있다.

그러나 무턱대고 추천하기엔 어려운 방법이다. 교회친구다모여가이러한 콘텐츠 채널들의 원형이라고 볼 수 있는데, 우리는 채널을운영하며 이러한 운영 방식의 부작용에 대해서 너무나 많은 사례를 축적하고 있다. 그리고 그것은 계정 운영자에게 치명적인 결과를 가져오기도 한다.

첫 번째로, 소셜미디어에 매몰될 확률이 높아진다. 콘텐츠 계정의가장 중요한 것은 조회수, 좋아요, 댓글, 저장, 메시지 등과 같은 '참여지수'이다. 이 참여지수는 매번 콘텐츠를 올릴 때마다 실시간으로 성적표처럼 나오게 되어 있다. 콘텐츠에 대한 참여지수가 올라갈수록 운영자는 상당한 희열을 얻게 된다. (특별히 내 경우엔 좋은 댓글을 받을 때 그렇다.) 그러다 보면 어느새 핸드폰만 붙잡고 참여지수만 들여다보게 될 수 있다.

유명 유튜버들이 유튜브 알고리즘에서 도태되지 않기 위해 일주일에 두 번 이상의 콘텐츠를 억지로라도 만든다는 사실을 알고 있는가? 일주일에 두 번의 콘텐츠를 업로드하지 않으면 추천 알고리즘에서 멀어지기(도태되기) 때문이다.

인스타그램도 다르지 않다. 하루에 하나 이상의 콘텐츠가 올라오는 것이 가장 이상적인 계정의 운영 방법이다. 계정 운영을 전업으로 하지 않는다면 결과를 얻기가 어렵고, 전업으로 한다면 매몰되어 본질을 지키지 못할 위험이 있다.

두 번째로, 유명세가 다 좋은 것이 아니기 때문이다. 확실히 소셜미디어는 어느 정도의 미디어 소통 능력과 에티튜드만 갖추면 빠르게 성장시킬 수가 있다. 이 책에서도 그러한 소통 능력에 대한 이야기를 다룰 예정이다.

그러나 지금은 유명세와 실력이 정비례하지 않는 시대라는 것을 기억했으면 좋겠다. 전체적인 크리스천의 숫자는 줄었지만, 젊은 사역자들과 팀들은 예전보다 훨씬 더 많이 소셜미디어에 출연하고 명성을 얻고 있다는 사실을 아는가?

재능 넘치는 젊은 세대들이 성숙할 기회를 빼앗긴 채 미디어에 전시되고 있다. 그들은 소모되고 있고, 더욱 크게 성장할 포텐셜을 가진 채로 1-2년 반짝이다가 덧없이 사라져 버리고 만다. 첫 마음과 겸손함을 잃고 괴물이 되어 가는 인플루언서도 있다. 소셜미디어를 그렇게 이용해서는 안 된다.

소년등과일불행(少年登科-不幸)이라는 말이 있다. 젊어서 과거에 급제하는 것(출세하는 것)이 좋지 않다는 소학(小學)의 가르침이다. 만약 유명세만을 위해 콘텐츠 계정을 만들어 보려는 사람이 있다면, 나의 실패와 좌절이 충분히 내 안에 쌓여 있는지를 검토해 보았으면 좋겠다.

불특정 다수에게 영향력을 행사하려는 교회, 단체, 인플루언서가 있다면 꼭 선한 양심과 보는 이들과 시대에 대한 책임감을 염두에 두길 바란다. 그러나 이러한 콘텐츠 계정들은 끼 있는 도전자들에 의해서 길이 열려 가는 법이다. 부르심이 있다면 실력을 쌓고, 팀을 모아 과감히 시작해 보는 것도 좋은 경험이 될 것이라고 믿는다.

03

매력적인
크리스천이 되는 법

크리스천의 매력 찾기

실전적인 소셜미디어 운영 방법을 이야기하기에 앞서, 꼭 먼저 생각해 봐야 하는 부분이 있다. 바로, 소셜미디어를 잘하는 사람은 어떤 사람일까? 하는 것이다. 미디어 소통 능력을 갖춘 사람일 수도 있고, 글쓰기 능력이나 기획력을 가진 사람일 수도 있다. 그러나 이 모든 것은 전부 도구에 불과하다.

유튜브와 인스타그램과 같은 소셜미디어를 잘한다는 것은 메시지를 만들고, 영향력을 행사하는 일을 잘한다는 말과 같다. 우리는 살면서 꼭 유튜버나 인플루언서가 아니라도, 주변에서 그런 사람들을 심심치 않게 만나곤 한다. 바로 '매력적인 크리스천(사람, 단체)'들 말이다.

매력적인 사람은 그곳이 온라인이든 오프라인이든 팔로워를 만든다. 학창 시절 매력적인 친구들이나, 가수나 배우들을 따라해 본 경험이 다들 있을 것이다. 그들은 숨 쉬듯이 주변에 영향력을 끼친다.

사실 매력적인 크리스천이라는 말에는 어폐가 있다. 크리스천이라는 단어 자체에 이미 매력적인 사람들이라는 의미가 담겨 있기 때문이다. 역사적으로 크리스천은 주변 사람들의 인생을 송두리째 바꿔 낼 만큼 엄청난 매력을 뿜어내는 사람들이었다. 다신교인

로마는 왜 허다한 종교 중에서도 예수 그리스도를 믿는 기독교를 탄압했을까? 왜 지금도 기독교를 탄압하는 나라들이 있는 걸까?

그것은 기독교에 국가 체제를 뒤흔들 정도의 매력이 있기 때문이다. 목숨을 걸고 기존의 공동체를 벗어나게 할 만한 매력이 있기 때문이다. 크리스천은 늘 소수였지만 항상 세상이 듣지 못한 새로운 이야기들을 해왔고, 어디든지 부르신 자리를 변화시켜 왔다. 물론 지금 교회의 상황을 보면 그런 모습이 상상되지 않을 수도 있다. 때론 그것이 우릴 씁쓸하게 한다.

'왜 크리스천은 이토록 매력적일까?
우리는 어떤 매력을 추구해야 하는 걸까?'

이 주제는 세상에서 말하는 퍼스널 브랜딩과 관계가 있다. 나 자신을 어떻게 브랜드화하여 다른 사람이 차별화된 느낌(매력)을 받을 수 있게 할지에 대한 고민이 각자에게 필요한 때이다.

한 가지 기쁜 소식은, 이것은 외모에 대한 이야기는 아니라는 것이다. 만약 "외모가 매력적이어야 한다"는 이야기를 하려고 했다면, 이 책은 영원히 쓰여지지 않았을지도 모른다. 이후 실제적인 방법에서 외모(비주얼)에 대한 부분을 다루겠지만, 매력적인 크리스천이 되는 것에 감사하게도 타고난 외모의 아름다움은 필요가 없다. 하나님은 얼마나 고마운 분인지!

한마디로 말하면 매력은 라이프 스타일에서 나온다고 할 수 있다. 라이프 스타일이 매력적인 크리스천이 소셜미디어도 잘할 수밖에 없다. '홍대 카페 주인' '성수동 피플'들의 히피적인 매력은 그들의 외모뿐만이 아니라 범상치 않은 라이프 스타일에 그 비결이 있다. 그런 매력적인 라이프 스타일을 가진 사람들은 인기와 카리스마를 가지고 팔로워를 모으고, 유행과 메인스트림에 당당히 영향을 끼친다.

'매력적인 라이프 스타일은 어떻게 생겨나는 것일까?'

이 질문은 20대 시절 나의 가장 큰 질문 중 하나였다. 이 질문의 답을 얻기 위해 10여 년간 매력적인 라이프 스타일을 가진 크리스천을 여럿 만나고, 그들을 인터뷰하기도 했었다. 그리고, 매력적인 라이프 스타일을 만드는 세 가지 구성요소를 깨닫고, 정리할 수 있게 되었다.

[매력적인 라이프 스타일]

지식 + 경험 + ?

라이프 스타일은 지식과 경험의 집합체이다. 여기서 지식(앎)이란 단순히 많은 정보를 아는 것이 아니다. 누군가를 '안다'는 것은 무엇일까? 그저 이름을 안다고 해서 그의 모든 것을 아는 것은 아닐 것이다. 황예찬이라는 이름을 알아도 진정 그 사람을 안다고 할 수 없는 것처럼 말이다. 그 사람을 알기 위해서는 그와 실제로 살아봐야 한다. 이를테면 나와 함께 살아 본 배우자가 진정으로 나를 안다고 말할 수 있을 것이다. 이처럼 안다는 것은 '그것으로 인해 살아 본 것'이다. 매력적인 크리스천의 지식은 '하나님으로 살아 보고 얻은 지식'이다. 진정한 앎은 경험과 맞닿는 부분이 있다.

경험도 다르지 않다. 하나님으로 인해 살아 본 경험이다. 경험이란 깨달음이자 노하우이다. 이를테면 내공이다. 경험이란 그것을 통해 쌓인 시간들이다. 매력적인 크리스천의 경험은 하나님을 통해 쌓여 있는 내 안의 시간들, 역사들이라고 할 수 있다. 매력적인 크리스천으로서 지식과 경험을 갖추었다는 것은 하나님으로 인한 추억이 있다는 것이다. 기쁨의 기억과 고난의 기억이 있는 것이다. 하나님과 동행한 시간이 쌓여 있다는 것이다. 시간이 쌓인 만큼 신뢰가 두텁게 쌓인다. 이것이 매력적인 라이프 스타일을 만드는 두 가지 요소이다.

그런데 또 한 가지가 있다. 어찌 보면 지식과 경험만큼, 아니 그보다 더욱 중요할 수 있는 한 가지. 이 간단한 것을 깨닫는 데 참 오랜 세월이 걸렸는데, 그것은 다음과 같다.

[매력적인 라이프 스타일]

지식 + 경험 + 지금도 그렇게 살아가는 것

지금도 그렇게 살아가는 것! 그렇게 쌓인 지식과 경험을 토대로 계속해서 무언가를 추구하며 살아가는 것이다. 지식과 경험은 나의 라이프 스타일을 구성하는 정말 중요한 요소이지만, 과거의 것에 불과하다. 지금 그렇게 살고 있지 않으면 죽은 지식, 죽은 경험이다. 과거에서 현재로 이어지는 무언가가 필요하다.

과거의 영광에 매달리고, 계속 과거 이야기만 하는 사람들을 이 시대는 "꼰대"라고 부른다. 개인적으로 좋아하지는 않는 단어이지만, 꼰대의 큰 특징 중 하나는 매력이 없다는 것이다. 그러나 지금도 가진 신념대로 변함없이 열심히 살아가는 사람을 보면 어떤가? 우리는 그런 사람에게 매력을 느낀다.

'새로운 일을 계속 진행 중인 사람이
메인 스트림을 이끈다.'

나에게 지식과 경험, 앎과 신뢰를 주신 분으로 인해 오늘도 한결같이 살아가는 것. 그런 사람이 매력적인 크리스천이 된다.

우리 교회(단체)가 매력적이게 되려면?

지금까지 매력적인 크리스천(개인)이 되는 방법에 대해 이야기했다면, 내친김에 매력적인 단체에 대하여 이야기해 보자.

원리는 매력적인 크리스천의 비결과 크게 다르지 않다. 지식과 경험, 그리고 그것으로 지금도 그렇게 살아가는 것이 매력적인 단체를 만드는 3요소이기도 하다. 그런데 이번에는 지금도 그렇게 살아가는 것부터 설명해 보고자 한다.

지금도 그렇게 살아가는 것은 단체도 똑같다. 과거에 머무르지 말고, 지금 무엇인가를 하고 있는 것이다. 이것은 가장 기본적으로 되어야 하는 부분이다. 아무것도 하지 않거나, 과거의 영광에 취해 있는 단체나 교회는 매력적이지 않다. 아무리 위대한 역사가 있어도, 지금 역동적인 움직임이 일어나지 않는다면 멋진 박물관이 될 뿐이다.

매력적인 단체의 구성요소 중 경험은 어떤 것일까? 경험이란 우리에 대한 깨달음, 곧 부르심을 아는 것이다. 퍼스널브랜딩 방법으로 "2W 1H"라는 것이 있다.

Who 우리는 누구인가?

What 무엇을 하는 사람들인가?

How 무엇을 통해 그 일을 이루는가?

이것을 우리 단체나 교회에 적용해 보길 바란다. 의류 회사인 파타고니아를 예로 들면 이렇다.

Who 파타고니아는 의류 브랜드이다.

What 파타고니아는 단순히 의류 용품을 판매하는 것을 넘어, 비즈니스를 이용해 환경을 살리는 일을 한다.

How 파타고니아는 그것을 이루기 위해, 쉽게 고장나지 않는 의류 제품을 만들어 판매하고, 환경보호에 대한 캠페인을 한다.

이처럼 2W 1H를 단체나 개인에게 적용한다면, 조금 더 명확한 우리의 역할에 대해서 파악할 수 있다. 경험은 우리의 일을 잘하기 위해서 필요한 영역이다.

그러면 지식은 무엇인가? 개인의 라이프 스타일을 위한 지식이 그것으로 인해 살아 본 것이라면, 매력적인 단체를 만들기 위한 지식은 그 성격이 조금은 다르다. 단체를 위한 지식이란, 시대의 필요를 아는 것이다. 시대의 부름을 아는 것은 단순히 일을 잘하기 위해서가 아니다. 이는 다른 이들과 비교할 수 없는, 탁월함과 격차를 위해 필요한 요소라고 볼 수 있다. 우리는 어떻게 시대의 필요를 알 수 있을까? 시대를 읽는 기획의 예를 들어 보자.

---

(1) 시대는 계속 개인주의로 흐르고 있다.
(2) 개인주의는 개인을 고독하게 만들고, 타인과의 연결을 갈망하게 한다.
(3) 타인과의 연결을 목말라하는 개인들을 위해 교회의 소그룹을 강화한 프로젝트를 기획한다.

'개인' '연결' '고독'과 같은 키워드에 집중해 보길 바란다. 이러한 키워드는 지금 이 시대를 나타내는 대표적인 단어 중 하나이다. 포

스트 모더니즘이라고 하는 지금 시대에는 이와 비슷한 단어들이
도처에 깔려 있다.

> 몸, 감정, 개인, 타자, 구조의 해체, 탈권위, 개인주의, 링크,
>
> 연결, 보안, 콜라보, 큐레이션, 소셜미디어 등.

개인주의가 팽배해지니 외로움을 느낀다. 자연히 누군가와의 연
결이 중요해진다. 그러다 보니 소셜미디어라는 서비스가 나왔고,
콜라보라는 단어가 흥행의 마스터키처럼 불리고 있다. 이렇게 시
대를 나타내는 단어들은 서로 밀접한 관계를 맺고 있다. 또 다른 기
획의 예를 들어 보자.

---

(1) 시대는 구조의 해체를 이야기하고 있다.

(2) 우리의 경배와 찬양 예배는 예배팀이 위에서 내려다보며 예
배하고, 회중들은 아래서 올려다보며 공연을 보듯이 예배를
드리는 구조를 가지고 있다.

(3) 예배의 거룩함은 유지하되, 권위적인 구조를 탈피하기 위해
서로가 동등한 눈높이에서 둥그렇게 서서 예배를 드린다.

이런 식으로 새로운 예배를 기획할 수도 있다. 그러나 시대의 필요

를 아는 것에는 한 가지 주의할 점이 있다. 그것은 시대의 흐름을 꼭 따라갈 필요는 없다는 것이다. 오히려 우리가 반대하고, 배척해야 할 흐름들도 분명히(꽤 많이) 존재한다. 우리는 지혜롭게 이런 것들을 분별할 수 있어야 한다.

한 가지 확실한 것은 분별하기 위해, 그리고 이 어지러운 세상에 살고 있는 영혼들을 돕기 위해서라도 우리는 이 시대의 흐름에 관심을 가져야 한다는 것이다. 모른다면 분별할 수도 없고, 어느새 우리 모두의 손에 들려 있는 스마트폰처럼 속절없이 대세에 휘말려 버릴지도 모른다.

지금까지 이야기했던 것을 표로 정리해 보았다. 크리스천 개인의 매력적인 라이프 스타일을 위한 것이든, 매력적인 교회나 단체를 만드는 것이든, 1순위는 "지금도 그렇게 살아가는 것"이다. 그다음으로 우리는 개인이나 단체의 DNA속에 지식과 경험을 새겨 나갈 수 있는 것이다. 특별히 팔로워(구독자) 1만 이상의 인플루언서들에게는 시대를 읽는 행동하기를 강조하고 싶다.

교회친구다모여는 팔로워가 늘어나면서 이 채널이 우리만을 위한 것이 아니라는 사실을 깨닫게 되었다. 그리고 그 이후부터 조금씩, 이 시대와 하나님 나라를 위한 일에 목소리를 내기 시작했다.

	지식	경험	지금도 그렇게 살아가는 것
매력적인 크리스천	하나님을 아는 지식	지식을 토대로 쌓아 온 경험(내공)	지식+경험을 가지고 지금도 그렇게 살아가는 것
매력적인 단체	시대의 필요를 아는 것	나를 아는 것	지식+경험을 가지고 지금도 그렇게 살아가는 것
중요 순위	3순위	2순위	1순위
정리	탁월함(격차)을 위한	더 잘하기 위한	기본적인
팔로워	10,000-	1,000-10,000	-1,000
소셜미디어 (단체 운영을 위해 해야 할 일)	시대를 읽는 행동하기	보이는, 기술적인 요소에 신경쓰기 (디자인, 기능 등) 루틴 만들기 페르소나 만들기	매일 올리는 프로젝트를 시작하기 (의미 없는 챌린지 X)

매력적인 크리스천/단체 만들기

우리가 했던 시대를 위한 행동 중 하나는 이태원 참사때 일어났다. 10월 29일, 이태원에서 일어난 159명의 불행한 죽음은 대한민국 전체를 충격에 빠지게 만들었다. 사건이 터진 직후, 당시 한국 교회의 반응은 두 가지로 갈렸다. 첫 번째는 슬픔과 충격과 우울한 분위기가 교회를 감쌌다. 바로 다음 날이 주일이었는데, 예정되어 있던 신나는 특송들이나 축제가 취소되었다는 소식도 들었다. 두 번째는 조금 충격적이었는데, 이방 신을 섬기는 핼러윈 축제의 기세가 앞으로 한풀 꺾일 것이라는 기대감에 대한 목소리였다. 일부 극단적인 사람들 사이에서는 차라리 잘되었다는 이야기도 나왔다.

그리고 기독교 소셜미디어 씬은 완전히 암흑이었다. 행복하고 좋은 이야기를 올릴 수도 없고, 그렇다고 이를 위한 새로운 콘텐츠를 빠르게 만들었다가 불편한 팔로워들에게 어떤 역풍을 맞을지도 모르는 상황이었다. 이때 나도 기획자로서 갈등이 있었다. 유명 목사님들이 주일 아침 설교를 통해 전날 밤 참사에 대해 한 마디씩 언급했다. 흥행과 관심을 위해서는 그 목사님들의 말을 인용하는 것이 좋을 수도 있었다. 그러나 당일, 나는 한 무명의 사역자가 주일 예배 시간에 했던 기도문을 편집해서 올리기로 했다.

하나님,
그러나 여전히 우리는 절망이라 느껴지는
많은 일과 함께 살아가고 있습니다.
희망이란 단어를 말하는 것조차 먹먹해지는 오늘입니다.
땅의 주인 행세를 하는 이들로 전쟁이 끊이지 않고,
생계를 꾸려 가기 위한 일터가
죽음을 목도하게 되는 현장이 되기도 합니다.
서울 한복판을 지나는 수많은 앰뷸런스 앞에

나오는 것은 눈물뿐이었습니다.

이 땅의 안전과 평화는 어디 있는 것인지

묻고 또 물으며 부르짖게 됩니다.

주님, 헤아릴 수 없는 슬픔 앞에 제가 할 수 있는 것은 무엇인지,

우리는 지금 무엇을 해야 하는 것인지,

교회는 어떠함으로 하나님의 교회다울 수 있는지

끊임없이 질문하고 사유하게 하시옵소서.

바르게 알고 머뭇거리지 않고 살아 내도록,

우리에게 온유와 용기를 주시기를 간절히 간절히 구합니다.

섣불리 말에 말을 덧해 생체기를 내기보다

그저 고통의 곁에, 곁의 곁으로 있게 하시옵소서.

하나님, 그럼에도 여전히

자기 발 앞의 문제들의 해결에만 집중하고,

내 교회 안으로만 공동체를 그려 내는

상상력 부족한 우리를 회개합니다.

우리가 오직 사랑을 통해 진정한 개혁을 이루게 하시옵소서.

진실로 분노해야 할 것에 분노하고

방조하지 않아야 할 것에 목소리 내고

울어야 할 곳에서 울게 하시옵소서.

애통이 무력함이 아니라

사랑으로 유력한 무기가 되게 하시옵소서.

오늘 선포될 말씀 앞에 우리가 삶으로 화답하게 될 줄 믿사오며,

오늘도 성부성자성령 하나님의 사귐이,

영원하신 그 사랑이 우리의 예배 가운데 가득하게 될 줄로 믿고

감사드리며 예수님의 이름으로 기도합니다.

아멘.

_ 2022. 10. 30. 어느 주일 예배의 대표 기도문 중 (출처 : 희피리 @soso_rejoice)

이 때, 시대는 애도하는 법을 요구하고 있었다

참사에 대한 해석이 각각 어떨지는 알 수 없는 상황이었다. 그러나, 우리가 우리 채널을 팔로우하는 20-30대의 젊은 크리스천들에게 주고 싶었던 이야기는 그보다 조금 더 앞선 차원의 것이었다.

우리는 순수하게 애도하는 법을 가르쳐 주고 싶었다. 그 영혼들과 남은 유가족의 영혼을 위해 우는 법을 가르쳐 주고 싶었다. 단순히 애도의 메시지를 띄워서 관심을 받는 것보다는 이 시대 크리스천은 어떻게 행동해야 하는지, 새로운 기준에 대한 이야기를 하고 싶었던 것이다. 나는 이러한 시대를 읽는 행동들이 기독교 소셜미디어가 존재하는 이유라고 개인적으로 생각한다.

그밖에도 우리는 미국 애즈베리에서 있었던 부흥(영적 각성)이나, 교계에 있는 크고 작은 가슴 아픈 일들에 대해 목소리를 내는 것을 주저하지 않았다. 지금세대가 어떻게 이 일들을 해석해 내고 믿음을 지켜 나가야 하는지에 대한 이야기를 계속했다.

많은 사람에게 영향을 끼치는 사람(인플루언서)이 되려면, 응당 자기가 가지고 있는 영향력을 누리기보다는 나누는 훈련을 해야 할 것이다. 그것이 바로 탁월함과 차별화를 위한 시대를 읽는 행동일 것이다.

전도에도 마케팅이 필요하다

지금까지 매력적인 브랜드(개인, 단체)를 만드는 이야기를 했다. 그렇다면 마케팅에 대한 이야기를 짧게 해볼까 한다. 마케팅은 시장 경제 용어이다. 우리는 장사할 때 이 단어를 주로 사용한다. 그러나 마케팅이라는 용어를 자세히 뜯어 본다면, 단어에 담긴 뜻 자체는 우리가 가진 속성들과 다르지 않다는 것을 알 수 있다.

마케팅 | 소비자를 대상으로 고객을 창조하고 유지 · 관리함으로써 고정고객으로 만드는 모든 활동. 고객과 관련된 모든 활동을 의미한다. (출처 : 위키피디아)

그러니까 마케팅이란 고객을 창조하고 유지 및 관리하는 것이다. 그런데 이 부분을 각각 전도와 양육으로 바꿔서 읽어도 의외로 그 뜻이 통한다는 것을 눈치챘는가. 시선을 교회 밖으로 조금만 더 넓혀 본다면 이 마케팅이란 용어가 더 많이 사용될 수 있다.

우리 교회가 마을을 대상으로 전도 축제를 연다면 어떻게 사람을 모으겠는가? 예배팀, 미니스트리가 정기 찬양집회를 새로 연다면 어떻게 사람들에게 전하겠는가? 혹은 새롭게 중, 고등학교 앞에서 선물을 나눠 주기로 했다면? 교회를 위한 새로운 아이디어나 상품을 개발했다면?

이런 모든 순간에 우리는 마케팅의 방법을 사용할 수밖에 없다. 콘텐츠를 소비할 대상자들을 창조하고, 유지 및 관리하기 위한 방법을 알아 두는 것은 부끄러운 일이 아니다. 오히려 바울이 아레오바고를 이용한 것처럼 우리가 가진 복음 전파의 사명을 더욱 잘하기 위한 하나의 도구가 될 수 있다.

교회친구다모여는 교계에서 이러한 마케팅의 영역을 다루기도 한다. 기독교 영화나, 광야아트센터 뮤지컬, 각종 NGO나 신학대학교의 마케팅 등을 컨설팅하거나 실행하기도 했다. 그렇게 컨설팅이나, 강의를 갈 때마다 마케팅(내 생각을 알리는 것)은 갈수록 중요성이 높아지고 있다. 그런데 거의 모든 사람이 마케팅이라고 하면 꼭 착각하는 영역이 있다.

　　'마케팅은 유튜브나 인스타그램으로 하는 것이다?'

요즘 시대의 마케팅 교육이라고 하면 대부분 유튜브나 인스타그램, 네이버나 구글의 검색엔진 최적화(SEO)와 같은 온라인으로 하는 마케팅을 떠올리고는 한다. 나 역시 이러한 온라인 마케팅을 전문으로 하는 마케터이지만, 마케팅은 그보다 조금 더 원초적이고

심오한 영역이다.

요컨대 마케팅은 전도와 같다. 전도는 (당연히) 설득을 동반한다. 설득된 사람이 예수를 구주로 영접하고, 설득된 사람이 제품을 구매하는 고객이 된다. 그런데 이 설득에는 한 가지 특징이 있다. 정답이 존재하지 않는다는 것이다.

장난감을 갖고 싶은 아이가 엄마를 설득한다고 해보자. 방법은 여러 가지가 있을 것이다. 매장에서 눕기 같은 일차원적인 방법부터 시작해, 옷 가랑이 붙들어 보기, 빤히 쳐다보기, 사달라고 조르기, 심지어는 어깨 주물러드리기나, 말 잘 듣겠다는 덧없는 공수표 뿌리기 등도 꽤 괜찮은 설득 방법일 것이다. 똑똑하고 눈치 빠른 아이라면 설득의 대상을 철옹성 같은 엄마보다는 상대적으로 만만한 아빠나 할머니로 바꿀 수도 있다.

이것이 마케팅 기술의 본질이다. 마케팅은 설득을 위해 무엇이든 해야 한다. 그것이 법적으로 죄가 아니고, 누군가의 자유를 침해하는 것이 아니라면 어떤 방법이든 시도할 수 있는 용기가 필요하다. 전도에 노방전도만 있는 것이 아니듯, 마케팅에도 온라인 마케팅만 존재하는 것은 아니다. 삶으로 감동을 주며 전도할 수도 있고, 예수님이 진짜 존재했고 부활이 역사적으로 실제 사건이었음을 변증함으로써 전도할 수도 있다.

마케팅도 바이럴(입소문) 마케팅, 전단지, 옥외광고물, 일대일 대화 등 수많은 방법이 있다. 중요한 것은 설득에 닿는 결과이지, 인스타그램이나 유튜브 같은 수단이 아니다. 한 사람씩 만나서 대화하는 것이 찐팬을 만드는 데 더 효율적인 사람이라면, 그것이 그 사람의 마케팅 방법일 수 있다.

| 교계마케팅 사례1 — 영화〈교회오빠〉|

인스타그램, 유튜브, 검색엔진 마케팅이 아닌 방법으로 어떻게 내 생각을 알릴 수 있을까? 이를 위해서는 갇히지 않는 넓은 생각을 가질 필요가 있다. 도달과 설득이야말로 하나님이 주신 창의성이 발휘되어야 하는 영역이다.

영화〈교회오빠〉를 마케팅하기 위해 처음 기술 시사회(영화 제작이나 홍보 기획을 위해 스태프들에게만 상영하는 단계)에 참여했을 때, 음향이나 자막이 없는 미완성본 영화임에도 나는 80분 내내 눈에 수도꼭지를 튼 듯 눈물을 흘렸다. 영화를 상영했던 KBS 본사 건물을 나오며 다짐했다.

'이 영화는 진짜 모든 크리스천이 다 봐야 해!'

부부가 둘 다 말기암에, 여러 안 좋은 소식들이 계속해서 터지는 상황임에도 하나님을 신뢰하는 것을 멈추지 않는 두 주인공 부부의 모습은 그야말로 모든 크리스천이 닮아야 하는 표본과 같은 모습이었다. 그래서 부제가 "욥의 고백"이었다.

우리 팀은 이 영화 홍보를 위해서 1박 2일간 호텔에 들어가서 기도하며 아이디어를 나눴다. 그렇게 밤새 영화를 수십 번 돌려보며, 또 의자를 젖힌 채 천장을 바라보고 기도하며, 이 영화를 모든 크리스천에게 보게 할 방법을 하나님께 구했다. 그러다 깨달음은 새벽 3시쯤에 번쩍 찾아왔다. 나는 아직도 이것이 하나님이 주신 지혜라고 생각하는데, 그 깨달음의 내용은 바로 이것이었다.

'교회는 카카오톡 단톡방으로 이루어져 있다!'

하나님이 그 영화를 너무 사랑하셨던 것 같다. 머릿속에 한국 교회의 구조가 파노라마처럼 펼쳐졌다. 사역자는 사역자 단톡방, 성도는 소그룹 단톡방, 성가대는 성가대 단톡방, 찬양팀은 찬양팀 단톡방이 다 따로 있다. 리더들은 또 리더들만 대화할 수 있는 단톡방을 만든다. 한국 교회 전체가 마치 피라미드 구조처럼 단톡방으로 이루어져 있었다. 그러면 답은 한 가지였다.

'단톡방에서 단톡방으로 퍼나를 수 있는 콘텐츠를 제작한다면, 한국 교회 전체에 이 영화를 알릴 수 있겠구나!'

이 아이디어를 얻고, 나는 새벽 3시에 집 앞마당에서 보물을 발견한 사람마냥 실실 웃었다. 잠도 오지 않았다. 빨리 이 아이디어를 팀과 나누고 싶었다. 그렇게 우리는 바로 "교회친구다모여 - 교역자 사역나눔 단톡방"과 "영화〈교회오빠〉를 위한 기도 후원자 단톡

영화 〈교회오빠〉(2019)의 포스터

: 태어나서 처음 써 본 영화 포스터의 카피라이트에는 나의 최고의 배우였던 집사님의 인생을 한 줄로 표현하기 위해 노력했던 흔적이 묻어 있다. (커넥트 픽쳐스 제공)

방"을 만들었다. 교회에서 가장 영향력 있는 교역자 단톡방과, 영화의 취지를 이해하고 돕기로 약속한 기도 후원자들의 단톡방은 영화를 알리는 데 최적화 된 용사들의 전초기지였다.

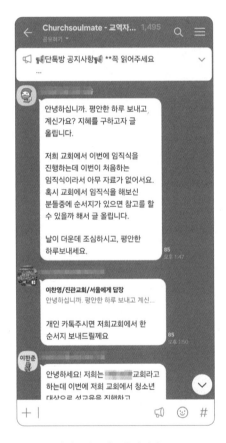

교회친구다모여 오픈채팅방(2019-)

두 단톡방에는 순식간에 수백 명이 모였고, 우리는 여기에 영화 정보를 공유하며 회원들에게 각각 교회에 붙일 수 있는 포스터를 보냈다. 각자 교회의 단톡방들에 올릴 수 있는 영상이나 카드뉴스 콘텐츠도 성실히 제작했다. 영화의 여주인공인 오은주 집사님을 모셔 단톡방에 인삿말이나 기도제목도 나눠 달라고 부탁했다. 콘텐츠는 인스타그램과 유튜브에도 올렸지만, 각 교회와 주변인들에게 소문을 내고 영화를 알렸던 실질적 바이럴 마케팅의 용사들은 바로 이 단톡방 안에 모두 있었던 것이다.

결과는 어땠을까? 〈교회오빠〉의 총 관객 동원 수는 약 11만 명으로, 독립영화, 다큐멘터리영화, 종교영화라는 핸디캡을 안고도 독립영화 박스오피스 1위에, 기독교 영화 역대 3위라는 준수한 성적을 얻었다.

이때부터 교회친구다모여는 교역자 단톡방을 시작으로, 찬양팀, 지금세대(교사/리더), 미디어 톡방, 선교사 톡방 등을 만들어 운영하고 있다. 약 5년이 지난 지금 교회친구다모여 단톡방 회원은 약 5,500명을 훌쩍 넘겼다. 이 카카오톡 단톡방은 현재 교계의 소식이나 사역 나눔 등을 주로 하는 광고 채널로도 톡톡히 쓰임을 받고 있다.

교회친구다모여는 20-30대들의 크리스천에게는 꽤 알려져 있는 편이지만, 50대 이상으로 올라갈수록 그 인지도가 떨어진다는 특징이 있었다. 그래서 나이가 있는 목사님들에게 우리에 대해 설명할 때 어려움을 겪기도 했다.

그러나 교회친구다모여를 전국 규모로 알릴 수 있게 된 콘텐츠가 있었으니, 바로 "송구영신예배 말씀 뽑기" 웹 어플리케이션이다. 말씀 뽑기 어플은 코로나19가 유행이던 시절 개발되었다. 그 당시

말씀뽑기 어플리케이션 - 2024word.com
신년이 아닌 지금도 하루에 수백 명씩 사용하고 있다.

교회친구다모여에 한 자매의 DM이 도착했다.

'저희 교회는 매년 송구영신예배 때 말씀을 뽑았는데 코로나 때문에 교회에 갈 수가 없어요. 어떡하죠?'

어떻게 보면 그저 공감만 하고 넘어갈 수도 있는 DM이었지만, 어쩐지 그냥 지나칠 수가 없었다. 사실 이 메시지는 나를 포함한 수많은 성도의 불편함을 대표하는 메시지였기 때문이었다.

당시 교회는 모일 수 없는 것 자체가 상처였다. 우리는 바로 팀을 모아서, 교회가 모일 수 있었던 때의 전통을 재현하고자, 온라인 송구영신예배 말씀 뽑기 프로젝트인 "2021 내게 주신 하나님의 말씀" 프로젝트를 실행에 옮겼다.

물론 과정 중에 말씀 뽑기 자체의 신학적인 문제를 놓고 항의하는 사람들도 있었다. 대체로 그런 말들에 틀린 점은 없다. 하지만 1년에 한 번도 말씀을 펴보지 않는 크리스천이 태반인 세상에서, 우리는 1분이라도, 한 절이라도 말씀을 진지하게 읽는 시간을 선물해주고 싶었다.

또, 송구영신예배 말씀 뽑기는 시간이 지나며 매일 말씀 읽기 운동으로도 어느 정도 발전해 나갔다. 그렇게 시작된 말씀 뽑기 어플은 첫 해에만 400만 회가 훌쩍 넘는 조회수를 기록했다. 현재까지 누적 조회수를 합친다면 1,000만 회까지 훌쩍 넘겨 버리는 수치가 되었다. 현재도 연중이지만 수백 명이 이 솔루션을 이용하고 있다. 우리는 이 말씀 뽑기 어플 밑에 우리가 원하는 교계의 소식들을 홍보하는 배너를 달았다. 감사하게도 홍보 내용들이 날개 돋힌 듯 교계 구석구석으로 알려지기 시작했다.

이처럼 마케팅이란 어떤 형식 안에 갇혀 있는 것이 아니다. 원하는 사람들에게 닿을 수 있다면, 그리고 그들을 설득할 수 있다면, 그것이 어떤 일이든 아이디어를 내서 해내는 것. 마케팅의 실제란 이런 것이다. 수단과 방법을 가리지 않는 창의성의 영역! 이 창의성을 가지는 사람이 소셜미디어를 통한 마케팅도 잘 해낼 수밖에 없다.

PART 2

소셜미디어 활용
꿀팁 대방출

04

실전,
소셜미디어
운영하기

들어가기에 앞서

여기까지 왔다면, 이제 여러분 모두 소셜미디어를 운영할 준비가
되었다. 지금까지 소셜미디어를 운영하기 위한 마인드셋과 사례
에 대한 이야기를 했다면, 이제는 실제로 인스타그램을 중심으로
소셜미디어를 이해하고, 운영할 수 있는 방법을 나누고 싶다.

소셜미디어는 온라인 상에서 커뮤니티를 이루는 플랫폼이다. 커
뮤니티란 공동체이다. 사람들의 모임이다. 결국 소셜미디어를 잘
하는 법은 '사람들을 어떻게 모이게 할 것인가?'에 대한 해답을 찾
는 것이라고 할 수 있다. 실전적인 소셜미디어 운영 방식을 이야기
한다고 하면, 일반적인 방법과 어느 정도 통하는 부분이 있다. 교
회, 미니스트리의 인스타그램 운영 방법과 식당, 빵집의 인스타그
램 운영 방법이 크게 다르지 않다는 것이다. 또 우리는 크리스천으
로서 식당, 빵집, 네일아트, 카페, 일반 자영업 등의 소셜미디어 운
영을 선하게 해낼 책무 또한 있지 않은가? (물론 이 책에서는 내가 교회친
구다모여를 운영하면서 배웠던 노하우에 대해서 이야기할 것이다. 그중에서 우리가 배
울 수 있는 신앙적인 교훈도 있겠지만, 기본적으로 이 책은 실용서로 쓰여졌다는 점을
알아주길 바란다.)

실용적이라는 것이 꼭 세상적이라는 뜻은 아니다. 오히려 나는 하
나님이 정하신 자연법칙 안에서 최선의 길을 찾아가는 것이 실용
적이며, 뱀 같은 지혜로움이라고 생각한다.

인스타그램 잘하는 비결

일반적인 인스타그램 강의를 들어 본 적이 있는가? 인스타그램을 이용하다 보면 유혹하듯이 꿀팁들을 난무하며 강의를 모객하고 있는 지식사업자들을 볼 수 있다. 그런데 정작 유료 결제하고 그 강의를 들어 보면 솔직히 그 강사만 알고 있는 진짜 꿀팁이라는 것은 존재하지 않는다. 그리고 그들의 말을 종합해 보면, 인스타그램 잘하는 법은 두 가지만 기억하면 된다.

첫 번째, 이슈에 민감하기

두 번째, 잘 펴오기(잘 따라하기)

그들의 꿀팁이란 이게 다다. 물론 이것이 엄청난 팔로워를 불러일으키는(지금도 유효한) 작전인 것은 맞다. 현재 기독교계에도 이러한 방법을 이용하고 있는 채널이 다수 있다. 이런 계정들의 특징은 이런 것이다. 연말 방송국 연기 대상 시상식에서 수상자가 "하나님께 모든 영광 올려드립니다"라고 말한 것을 가장 빨리 캡쳐해서 인스타그램에 펴오면 좋아요 수가 늘어난다. 또 요즘 유행하는 챌린지를 조금 바꾸거나, 기독교 식으로 개사해서 릴스로 올리면 반응이 좋다. 유명한 설교자들의 설교를 1분 내외로 잘라서 릴스로 올리

면 반응이 좋다. 이것이 '이슈에 민감하기'이며, '잘 퍼오기'이다.

이것만 잘해도 수만 명의 팔로워를 얻는 것은 어렵지 않다. 왜냐하면, 이것도 소셜미디어의 특징 중 하나이기 때문이다. 잘 퍼오는 것은 큐레이션(curation)에 해당한다. 멋진 취향을 가지고 있는 한 사람이 자신의 취향대로 콘텐츠를 잘 퍼와서 자기 방식대로 전시하는 것. 이것이 큐레이션의 기초이다. 그리고 이 큐레이션의 성공 여부는 운영자의 취향에 달려 있다. 큐레이션이야말로 지금 시대에서 가장 중요한 단어 중 하나이다. 이제는 정말로 해 아래 새로운 것이 없다는 말이 실감될 정도다.

유튜브의 에센셜(essencial;) 채널을 알고 있는가? 운영자의 취향대로 주제를 정해 원래 있는 노래들을 모아 놓을 뿐인 플레이리스트 채널임에도, 이 채널의 구독자는 130만 명이 훨씬 넘는다. 사람들은 한 곡 한 곡의 노래를 소비하는 것이 아니라, 크리에이터의 취향과 주제별 분위기를 소비한다.

인스타그램의 동기부여 채널들은 또 어떤가? 잘 보면 자기 자신이 하는 말이 전혀 없다. 운영자의 취향대로 원래 있던 콘텐츠들을 재생산하거나 번역해서 올린 것들이 그들 콘텐츠의 거의 전부라고 볼 수 있다. 이처럼 큐레이션은 더 이상 발견이나 발명할 게 없어진 이 시대의 만능 블럭과도 같은 단어가 되었다. 큐레이션은 재발견이자, 취향에 따른 재분류이자, 기존 것을 낯설게 바라보는 렌즈라고 볼 수 있다.

그런데 큐레이션에도 문제점은 있다. 큐레이션은 결국 자기 것이 없다. 다른 사람이 만든 콘텐츠만 잘 퍼와서 올린다면, 결국 그 다른 사람이 혜택을 얻게 될 뿐이다. 여간 고상한 취향이 아니라면, 큐레이션으로 브랜딩을 한다는 것은 거의 불가능하다. (때로 가능한 계정들도 있었지만, 이미 초기에 거의 자리를 잡았다.)

따라서, 소위 말하는 신박한 콘셉트와 취향으로 큐레이션을 하지 않는 이상에야, 큐레이션만으로 좋은 계정을 만드는 것은 어렵다. (물론 큐레이션은 계속해서 무기로 사용해야만 한다.) 이것이 일반 인스타그램 강의를 들으면 얻을 수 있는 강의 내용의 거의 전부이다. 대부분 이 안에서 여러 가지 잡다한 꿀팁들을 나누며 1시간 정도를 때우곤 한다.

남의 것 퍼오기 말고 내 인스타 잘하려면

그러면 진짜 인스타그램을 잘하는 방법은 무엇일까? 큐레이션의 약점인 브랜딩, 자신의 것을 해내면서 우리 교회나 단체, 나 자신을 알릴 수 있는 방법은 무엇일까?

이 질문을 위해 약 7년을 인스타그램을 운영하며 분투했다. 수많은 사역자와 미니스트리들을 컨설팅하면서, 시행착오를 겪어 가면서 인스타그램의 여러 원리를 깨달아 나갔다. 그러자 누구도 가르쳐 주지 않았지만 깨닫게 된 인스타그램의 절대 불변의 법칙 두 가지 정도를 알게 되었다.

이것만 알고 책을 덮어도, 교회나 사역이 아닌 자영업을 할지라도, 도움이 되는 법칙이라고 할 수 있다. 역시 한 가지만 열심히 파다 보면 그게 무엇이든 길이 보이기 시작하는 법이다.

'인스타그램에 절대 불변의 법칙이 있다니!'

| 첫째, '순환'을 이해하는 것이다. |
다음 그림을 보면, 온라인은 오프라인으로, 오프라인은 온라인으로 화살표가 향하고 있음을 알 수 있다. 마치 무한동력이나, 재활용 마크를 보는 듯한 그림이다. 그런데 이 순환이야말로 인스타그램을 비롯한 모든 소셜미디어의 본질이라고 할 수 있는 법칙이다. 예를 들어 우리가 카페 인스타그램을 만든다고 생각해 보자. 카페 인스타그램은 무엇을 위해 있을까? 오프라인에 실재하는 카페에 사람들을 오게 하기 위한 것이다.

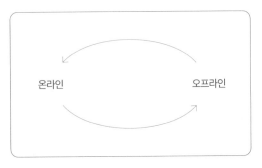

온라인은 오프라인으로, 오프라인은 온라인으로
이것이 소셜미디어를 키우는 가장 정석적인 방법이다

"온라인만을 위한 온라인 서비스는 없다."

온라인에 존재하는 모든 것은 오프라인을 위해 존재한다. 하다못해 온라인 게임도, 오프라인에 실재하는 인간을 기쁘게 하기 위해 존재하지 않는가. 온라인은 늘 오프라인으로 사람들을 끄집어내기 위해 기능하고 있다.

'오프라인에서도 온라인을 위한 행동을 한다면?'

그런데 오프라인에서도 이와 같이, 사람들을 온라인으로 끌어들이기 위한 작업을 한다면 어떻게 될까? 우리는 이미 이와 같은 사례들을 일상에서 보고 있다.

인스타그램 팔로우 해주시면 음료 공짜!
네이버 리뷰 등록해 주시면 사이드 메뉴 드립니다!

조금 한다 싶은 음식점을 가면 늘 붙어 있는 것이 이러한 리뷰나 팔로우 요청 아닌가? 이것이 바로 오프라인에서 온라인으로 사람들을 끌어들이는 작업이다. 이런 걸 잘하는 사업장의 인스타그램을 보면 이런 문구도 있다.

인스타그램 보고 오신 분들은 서비스 쿠키 무료!

이 또한 온라인에서 오프라인으로 끄집어내는 작업이다. 이처럼 온라인은 오프라인으로, 오프라인은 온라인으로 사람들의 반응을 이끌어 내는 것이 바로 순환의 법칙이다. 비단 카페만의 일이 아니고, 온/오프라인에 존재하는 모든 마케팅이 필요한 것이 이러한 원리로 운영된다고 볼 수 있다. 교회도, 혹은 사역자 본인의 퍼스널 브랜딩에도 이러한 순환 법칙을 적용할 수 있다.

또 순환 법칙에는 엄청난 장점이 숨어 있다. 바로 온라인에서 오프라인으로, 오프라인에서 온라인으로 순환의 사이클이 돌면 돌 수록 규모가 커진다는 장점이 있다. 순환이 계속해서 일어날수록, 상호작용이 일어날수록, 이 상호작용에 참여하는 사람들이 점점 늘어난다. 잘되는 집, 잘 돌아가는 것처럼 보이는 집에 더 많은 사람이 몰리는 것과 같은 원리이다.

○ 순환의 바람직한 예 — 김성경 목사

몇 년 전, 한 전도사님에게 연락이 왔다. 그는 청주에 있는 한 작은 교회의 전도사였고, 중부지방 예배의 부흥을 위한 작은 미니스트리를 하나 운영하고 있었다. 사역 대상은 대개 젊은이들이었는데, 특히 교회 올 시간이나 마음의 여력이 없는 청년들이 설교의 주된 타깃이었다. 그런 전도사님이 본인의 설교를 교회친구다모여에 게재하고 싶다는 연락을 준 것이다.

당시만 해도 교회친구다모여는 설교 영상을 올리지 않고 있었다. 올리고 싶지 않았기 때문은 아니고, 개인적인 마음으로 정말 젊은이들을 위한 설교가 없다는 생각에 차마 영상을 업로드하지 않고 있던 시절이었다. 그러다 처음 그 전도사님의 설교를 메일로 받아서 보았을 때, 정말이지 기쁨을 감출 수 없었다.

'찾았다! 지금세대를 위한 설교자!'

대표는 그 전도사님을 찾아 청주까지 내려갔고, 나는 또 서울에서 그분을 맞이하며 여러 이야기를 했다. 그때 이미 나는 순환에 대한 법칙을 이해하고 있었는데, 전도사님에게 이러한 권면을 했다.

> "전도사님, 전도사님 설교를 모두 찾아 들어 보니 앞으로 이 시대에 전도사님을 필요로 하는 회중들이 많을 것 같습니다. 어디에 초대되어서 설교하실 때마다 앞으로 이렇게 한번 인스타그램을 운영해 보시면 어떨까요?"

내가 조언한 한 가지는 다음과 같다.

> "어디를 가든지 당일에 인스타그램 스토리에 인증해 주세요."

이는 별로 어려운 주문이 아니었다. 당시만 해도 전도사님은 외부 설교 요청이 많지 않았다. 전도사님은 설교를 갈 때마다 이와 같이 스토리를 이용해 인스타그램을 이용하기 시작했다.

그렇게 회중들이 본인들 스토리에 전도사님을 언급하기 시작했고, 전도사님은 또 그것을 본인의 스토리에 리그램을 하며, 순환의 고리는 점점 커져 갔다. 물론 전도사님 자체의 디자인(비주얼)에 대한 이해가 깊다는 장점도 있었다. 결과적으로 4년 정도가 지난 현재, 전도사님은 개인 팔로워 3만 명의 교계의 파워 인플루언서가 되었다.

그분이 바로 김성경 목사님이다. 현재 교회친구다모여의 1호 메시지 크리에이터로 활동하고 있다. 비결이 뭘까? 소통과 순환을 잘 이용했기 때문이다. 어디를 가든지 인스타그램 스토리에 올리는 일과, 회중에게 인스타그램 스토리로 소통하자고 하는 것은 오프라인에서 온라인을 지향하는 방법이다.

중요한 팁이 있다. 김성경 목사님은 회중들이 본인의 스토리에 목사님을 언급했을 때, 그걸 다시 리그램해서 목사님 스토리에 올려주었다. 이것은 어떤 의미인가? 말하자면 인플루언서의 팬 관리 방법이다. 인터넷 방송 스트리머가 내 이름을 불러 주는 것에 감동하는 것과 같은 원리이다. 목사님과 회중들 사이에서 일어나는 이 소통은(스토리↔리그램)은 둘에게만 일어나는 개인적인 일이 아니다.

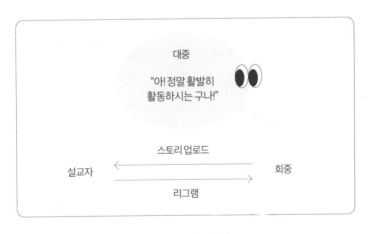

양방향 소통의 좋은 예
: 다른 사람들이 봤을 때 "아, 정말 활발히 활동하는 구나!"라고 느껴진다

스토리는 모든 사람이 다 볼 수 있다. 당연히, 회중이 아닌 완전한 타인들(다른 교회나 대중)도 이러한 내용을 보고 있을 것이다.

이러한 소통을 지켜보던 제3자, 즉 다른 교회들은 어떤 생각을 하겠는가. '설교로 초대되신 분이 회중과 인스타그램으로 서로 인증도 해주고 활발히 활동하시는구나!'라는 생각이 자연스럽게 들 것이다. 그런 소통과 활동을 계속하고 있을 때, 그 교회에서 누군가 외부 설교자를 초청해야 할 때가 되면 누가 생각이 날까?

　　'아, 이 목사님. 우리 교회에도 모셔 보고 싶다!'

그렇게 김성경 목사와 연락을 취하고, 그분을 자신의 교회에 초청하게 되면 온라인에서의 만남을 오프라인으로 끌어낸 좋은 예가 된다. 순환의 고리가 완성된 것이다.

언급했다시피, 이러한 순환의 고리는 계속해서 커져 가는 것이 그 장점이다. 더 많은 곳이 그 설교자를 초청하게 되고, 그만큼 더 많은 소통이 온라인에서 일어나게 된다.

(이 책은 실용서를 표방하고 있기에, 방법론과 성장의 관점에서 예를 들었지만 사실 이 방법은 성장이 목적이 아닐 때 더욱 빛을 발한다. 애초에 우리도 김성경 목사님에게 "성장을 목적으로 해보세요"라고 한 것도 아니다.)

지금세대는 바로 이런 소통에서 진정성과 재미를 느끼고 있다. 그리고 이런 온라인에서의 소통이야말로 우리가 찾는 성도와 회중을 찾아가는 방법이 된다. 또 그것이 순환을 불러오는 중요한 매개가 된다는 것을 많은 사람이 이해했으면 좋겠다.

○ 순환의 바람직한 예 — 종리스찬TV

기독교 대표 유튜버 〈종리스찬TV〉 채널의 한 장면

유튜버 종리스찬TV는 교회친구다모여의 자랑스러운 메시지 크리에이터이다. 종리스찬TV를 운영하는 이종찬 전도사님은 벧엘선교교회 청년부의 담임 전도사이기도 하다. 매번 새로운 콘텐츠를 제작하고, 목회에도 성실히 임하시는 모습을 보노라면 같은 24시간을 사는 사람인지 싶은 일종의 경외감(?)이 들기도 한다. 무엇보다 누구에게든지 인격적이고 친절한 것이 최고의 장점인데, 아마이런 모습이 1세대 기독교 유튜버로서 지금까지 장수한 비결이 아닐까 싶다.

종리스찬TV는 순환을 어떻게 이용하고 있을까? 내가 발견한 종리
스찬TV의 순환 법칙은 바로 유튜브 영상 밑에 있는 '더 보기'의 캡
션(몸글)에 있다.

벧엘선교교회 : Membership
등록 : 벧엘선교교회의 가족이 되고자 하시는 분들은 아래
링크로 등록해 주세요. :) 새신자 팀에서 연락드리겠습니다.
https://forms.gle/WfFc...

종리스찬 : Contact
Instagram : ◎ / lionisos
E-mail : lionisos@nate.com

종리스찬TV의 더보기 캡션
영상 아래의 '더 보기' 버튼을 누르면 나온다

캡션에는 "벧엘선교교회 : Membership / 등록 : 벧엘선교교회의
가족이 되고자 하시는 분들은 아래 링크로 등록해 주세요 :) 새신
자 팀에서 연락드리겠습니다"라는 문구와 함께 구글 설문지 링크
가 들어 있다. 재미있고 감동적인 영상을 본 후에 바로 밑에, 온라
인에서 오프라인으로, 교회를 찾고 있는 사람들에 대한 콜링이 이
루어지고 있는 것이다. 구글 설문지를 눌러 보면 아래와 같은 페이
지가 펼쳐진다.

벧엘선교교회(이종찬 전도사 시무) 새가족 방문 신청 페이지

이름, 결혼 여부(중요하다), 생년월일, 성별, 세례 여부, 연락처, 언제 어느 예배에 참석하고 싶은지까지 선택할 수 있다. 이렇게 설문지를 전송하면, 새가족팀에게서 문자메시지가 온다. 이렇게 유튜브 콘텐츠에서, 오프라인 교회로까지 이끄는 시스템이 완성되어 있는 것이다.

또한 이종찬 전도사님은 초창기 때 안티 크리스천을 상대하고 전도하는 사역을 주로 했는데, 유튜브를 통한 인도도 인도이지만 기본적인 목양과 상담도 엄청난 열정을 가지고 하고 있는 것으로 알고 있다. 이러한 사역으로, 벧엘선교교회는 동네에서 청년부가 가장 많은 교회 중 하나가 되었다. 상가에 있는 교회 예배당이 청년으로 꽉 차서, 옆 상가에서 중계예배를 드릴 정도였다. 현재는 모 대

학 강당을 빌려 예배 처소로 삼고 있다.

| 둘째, 프로세스 이코노미를 이해하는 것이다. |

프로세스 이코노미는 쉽게 말해 과정을 판매하는 플랫폼이 되어야 한다는 말이다. 오바라 가즈히로의 《프로세스 이코노미》라는 책은 경제나 경영서적으로 분류되지만, 모든 크리스천에게 추천할 만한 필독서라고 생각한다. 기독교는 결과만이 중요하지 않다. 선한 결과를 위해서는 선한 과정이 필요하다. 우리는 열매 맺기를 원하지만, 그 열매는 결국 성령의 열매(성품의 변화)인 경우가 많다. 예배당에 앉아 있는 사람의 숫자만을 열매라고 얕게만 생각해서는 안 된다. 하나님은 과정을 포함한 전체를 보시는 분이다.

《프로세스 이코노미》의 저자가 크리스천인지는 모르겠지만, 어쨌든 그의 주장은 이런 기독교적인 세계관과 일맥상통하는 부분이 있다. 또, 《프로세스 이코노미》는 그야말로 현대 미디어 문법의 정수를 찍고 있다고 볼 수 있다.

> "이제는 아웃풋(결과물)이 아니라
> 프로세스(과정)를 파는 새로운 가치 전략이 필요하다!"
> "이제 과정을 지배하는 자가 승리한다!"

결과물이 아니라, 과정을 판매한다는 게 무슨 말인가? 쉬운 예로,

오디션 프로그램을 들 수 있다. 〈미스터트롯〉의 우승자 임영웅 씨보다 노래를 잘하는 사람은 세상에 많을 수도 있다. 그런데 왜 임영웅 씨만이 이처럼 최고의 인기를 누리고 있는 걸까? 바로 〈미스터트롯〉이라는 TV 프로그램을 통해, 모두가 임영웅이라는 가수의 삶의 이야기와 우승의 과정을 공유했기 때문이다. 그가 얼마나 힘들게 살았는지, 얼마나 가슴 아픈 사연을 가졌는지, 얼마나 치열한 과정을 통해 이 자리까지 올라왔는지를 그의 팬들은 샅샅이 알고 있다. 그러한 과정을 겪으니 결과물도 달라 보일 수밖에 없다. 그의 노래가 더욱 구슬프고 사연 있게 들릴 수밖에 없는 것이다.

BTS, 넷플릭스, 파타고니아 등의 핫한 브랜드들도 이와 같이 과정을 판매하고 있다. BTS는 그 어떤 뮤지션, 아이돌 그룹보다 소셜미디어를 디테일하게 활용한다. BTS의 멤버들은 시간만 나면 '라이브(마치 화상통화를 하듯 영상을 공유하는 소셜미디어의 서비스)'를 켜서 팬들과 소통했고, 한창 활동할 때의 공식 트위터는 거의 불이 꺼진 적이 없다. 또 BANGTANTV(방탄TV)라는 그들의 유튜브를 보면 2012년부터 그들의 데뷔 전부터의 과정이 상세하게 올라와 있다. 가장 오래된 영상 중 두 번째를 보면, 데뷔 전 BTS의 작업실을 소개하는 풋풋한 그들의 모습까지 볼 수 있다. 이미 그 영상들은 수백만 명이 다녀간 성지가 되어 있다. BTS를 사랑하는 아미(ARMY, BTS의 팬덤명)들은 그들의 외모나 퍼포먼스만을 사랑하는 것이 아니다. 그들이 아무것도 아닐 때부터 최고의 자리에 이르기까지의 과정을 모두 공유한 진정한 전우라고 볼 수 있다.

즉 '프로세스 이코노미'란, 올바르고 아름다운 과정을 그대로 소비자에게 보여 주는 것이라고 할 수 있다. 왜 그런 생각을 하게 됐는지, 어떤 노력을 해왔는지, 어떤 결과물을 어떤 과정을 통해 만들고 있는지를 공유하는 것이다.

우리의 사역 또한 마찬가지이다. 예를 들어 주일학교에서 친구초청잔치를 준비한다면, 그저 좋은 공연과 같은 예배를 준비하는 것보다는 이를 위해 친구들이 얼마나 노력했는지를 보여 주는 것이 더욱 마음을 움직이는 효과가 있을 것이다. 설교를 통해서든, 영상을 통해서든, 이러한 과정을 보여 주어서 공감을 불러일으키는 방법이다.

분당우리교회(이찬수 목사 담임)의 "가평 우리마을"이나, "스물아홉 교회 분리 개척" 또한 프로세스 이코노미의 좋은 선례일 수 있다. 그저 일을 해낸 뒤에 보도자료를 통해 이야기하지 않았다. 주일 설교를 통해 담임목사님이 어떤 마음의 부담이 있는지, 혹은 어떤 고민을 하고 있는지를 이야기한다. 또 그다음 주에는 이 부담을 가지고 당회와 나눈 이야기를 한다. 또 얼마 후에는 이 프로젝트를 위해 누군가의 도움의 손길이 들어왔다고 이야기한다. 또 얼마 후에는, 어떤 과정을 거쳐서 분리 개척 목사님들을 선발했는지, 그 과정이 얼마나 가슴 뛰었는지를 이야기해 준다. 매주 주일 설교를 듣고만 있어도, 교회의 중요한 비전이 어떻게 진행되고 있는지에 대한 과정을 공유받을 수 있다. 이런 과정을 공유한 성도는 마음을 함께하게 된다. 마음은 자연스럽게 헌금이나 후원으로 이어진다. 그리고 실제로 그러한 비전과 과정을 통해 생긴 가평 우리마을에 가 보고 싶어지는 것이다. 개척교회를 출석하는 나 역시 매주 듣고 있는 이찬수 목사님의 유튜브 설교를 통해 가평 우리마을에 대한 꿈이 생겼고, 몇 달 전 처음 그곳을 방문해 보았다.

소셜미디어 운영도 프로세스 이코노미의 원리로 할 수 있다. 우리는 인스타그램에서 완성된 이미지만 보기 때문에, 인스타그램은 그냥 인간 온라인 전시관 정도로 생각할 수 있다. 그러나 인스타그램은 애초에 결과를 공유하는 플랫폼으로 만들어지지 않았다. 오늘 찍은 사진을 오늘 올리는 플랫폼으로써 개발된 것이 인스타그램이다. 애초에 인스타그램이 주목받은 것이 사진에 감성을 덧입히는 필터였다. 이것이 무엇을 의미하는가? 인스타그램은 과거를 이야기하라는 것이 아니다. 결과만 놓고 얘기하라는 것도 아니다. 지금 일어나는 일(과정)을 이야기하라는 것이다.

플랫폼 개발자 의도를 알아야 백전불태

순환과 프로세스 이코노미, 두 가지의 원리를 알아보았다. 이것은 어떻게 키우는지와, 무엇을 올려야 하는지에 대하여 답을 준다. 우리는 순환의 방법으로 인스타그램과 오프라인을 키워야 한다. 우리의 소셜미디어에는 목표를 위한 과정이 전시되어야 한다. 이 두 가지 대전제를 알았다면, 조금 더 자세히 인스타그램이라는 플랫폼을 들여다볼 필요가 있다.

모든 문제는 출제자의 의도를 찾으면 풀이 방법을 빨리 파악할 수 있다. 인스타그램도 마찬가지다. 개발자의 의도를 알아야 잘하는 방법도 알 수가 있다. 그러면 인스타그램의 개발 의도(?)는 무엇일까? 이 개발 의도만 맞출 수 있다면, 우리는 실패하지 않을 수 있다.

| 첫째, 인스타그램은 '이미지 중심'의 플랫폼이다. |

인스타그램은 남녀 중 누가 많이 할까? 정확하지는 않지만 여자가 60퍼센트 정도 된다. 통계적으로 남자보다는 여자가 많이 한다는 것이 증명되어 있다. 교회친구다모여의 팔로워도 여자가 65퍼센트, 남자가 35퍼센트 정도로 분포되어 있다.

그런데 그것 말고 또 특징이 있다. 인스타그램을 이용하는 남성들은 여성의 사진을 많이 본다. 그런데 재밌는 것은, 여성도 여성의 사진을 많이 본다는 것이다. 이것은 인스타그램이 극도로 비주얼 중심의 플랫폼이라는 사실을 대변한다. 또 인스타그램은 사람들의 부러움이라는 테마를 관통하고 있다.

인스타그램은 극도로 비주얼 중심적인 플랫폼이다

인스타그램의 알고리즘 AI도 이와 같은 사실을 잘 알고 있기 때문에, 비주얼적인 콘텐츠들을 더욱 많은 사람에게 전달하고 있다. 이를테면 여성이 정면을 보는 사진 같은 것들을 인식하고, 이런 것들이 더 많은 반응을 일으킬 것을 예상하고 애초부터 많이 노출하게 되는 것이다.

인스타그램의 모든 기능이 다 이미지 중심이어야 하지만, 특별히 피드*의 노출을 위해서는 더욱 보기 좋은 것을 신경써야 할 것이다.

| 둘째, 인스타그램은 '실시간 중심'의 플랫폼이다. |

인스타그램의 실시간성을 가장 잘 표현한 기능은 바로 스토리이다. 스토리는 업로드하면 24시간만 올라가 있다가 소멸(휘발)되어 버리는 특수한 게시물이다. 물론 스토리뿐 아니라, 피드든 릴스든

---

* 스크롤해서 볼 수 있는 콘텐츠의 스트림. 인스타그램의 메인 게시물

모두 실시간으로 과정을 보여 주는 것이 중요하지만 특별히 스토리는 그 특유의 휘발성 때문에 많은 사람이 부담 없이 애용하는 기능이라고 할 수 있다. 스토리는 오늘 있었던 일, 생각, 현장감 등을 전하는 대표적인 기능이 되었다.

옆 사진은 우리 팀원이 스토리로 올린 부대찌개 사진이다. "한국이 짱이지"라고 적혀 있는데, 사실 이 팀원은 해당 스토리를 올리기 전까지 일주일 이상 해외로 휴가를 나가 있는 상태였다. 연차가 길어지다 보니 언제 오는지 가물가물하던 차에 실시간으로 올라온 저 스토리를 보게 되었다. 그제야 '아, ○○이가 한국에 도착했구나' 하고 이 사람의 현재 상황을 알 수 있었다.

인스타그램 스토리 기능
: 어디에서 무엇을 하는지
바로 표현할 수 있다

| 셋째, 인스타그램은 '짧은 콘텐츠 중심'의 플랫폼이다. |

인스타그램의 릴스 기능은 최대 90초까지의 짧은 세로 영상을 뜻한다. 대부분 6초에서 15초 사이에 끝나는 챌린지 영상이나 궁금증을 자아내는 영상들이다.

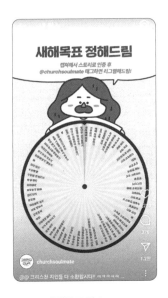

새해목표 릴스(2023)
: 동영상 멈춤 기능을 통해
새해 목표를 뽑을 수 있다

이렇게 몇 초 되지도 않는 릴스는 틱톡, 유튜브의 쇼츠 등과 함께 사람들의 시간도둑이 되어 그들을 중독시키고 있다. 새로운 영상을 엄지손가락으로 튕기는 맛 때문에, 사람들은 이 짧은 영상들을 보느라 몇시간이고 투자하기도 한다.

몇 년 전만 해도 교회친구다모여는 5분 설교 콘텐츠를 업로드하면서 많은 성도에게 사랑을 받은 적이 있다. 지금은 어떨까? 지금 5분 설교는 업로드할 기능조차 없다. 무조건 1분 30초 내의 짧은 설교 콘텐츠가 그나마의 반응을 이끌어낼 수 있다. 시대는 그렇게 급해지고 있다.

이처럼 인스타그램은 짧은 콘텐츠에 더 점수를 주곤 한다. (꼭 릴스일 필요는 없다.) 짧은 콘텐츠, 그러나 오래 머물게 하는 콘텐츠가 더욱 각광을 받고 있다.

한 가지 팁이라면 릴스는 짧고 몸글(캡션)은 길어서, 영상은 짧게 여러 번 재생되지만 몸글은 머물러서 읽어 볼 정도로 길고 가치 있는 콘텐츠를 만드는 것이 좋다.

| 넷째, 인스타그램은 '소통 중심'의 플랫폼이다. |

소통에 관해서는 아무리 강조해도 모자라지 않다. 인스타그램에서의 소통이란 댓글, 답글(댓글에 대한, 대댓글이라고도 한다.), DM 등을 뜻한다. 모든 게시물에는 댓글, 답글, 해당 게시물을 DM으로 보냈는지에 대한 숫자가 카운팅된다. 그런 소통이 활발하게 이루어지는 게시물이 불특정 다수의 다른 사람에게 더욱 많이 노출되는 방식이다.

때문에, 게시물을 올렸을 때 단기간에 달리는 댓글 또한 노출에 많은 영향을 준다. 특별히 관심사가 같은 사람들과 소통하는 것이 중

논 크리스천들도 '진짜'에는 합당한 반응을 보여 준다

요한데, 내가 주로 들어가는 계정이나, 좋아요를 누르거나 댓글을 다는 게시물들의 특징을 인스타그램 알고리즘은 모두 기록하고 있다. 이렇게 되면 자연히 내 계정의 취향이 나오게 된다.

만약 내가 축구를 좋아하는 축구 계정 운영자인데, 아이돌 계정과 만 소통한다면 내 계정이 온전히 축구를 좋아하는 사람들에게 전달되지 않을 확률이 높아진다. 개인 계정을 운영하는 것이 아니라면, 해당 채널과 관심사가 비슷한 채널과 소통하며 운영하는 것이 좋다.

응용하기

지금까지 인스타그램을 만든 개발자의 개발 의도에 대해 알아보았다. 이미지 중심, 실시간 중심, 짧은 콘텐츠 중심, 소통 중심이라는 이 네 가지 특징이 인스타그램을 이루는 가장 큰 기둥이라고 볼 수 있다. 아마 다른 소셜미디어도 비슷하리라고 본다. 예를 들어 X(전 트위터)나 스레드 같은 소셜미디어는 이미지 중심에서 텍스트 중심으로 바뀐 정도일 것이다.

그러면 이 네 가지 요소를 조합해서 본격적으로 어떤 콘텐츠가 경쟁력이 있는지 알아보자.

이미지 중심 + 실시간 중심

이미지 중심 + 짧은 콘텐츠 중심

실시간 중심 + 짧은 콘텐츠 중심

이렇게 조합해 보는 것만으로도 이미 훌륭한 콘텐츠 거리가 완성된다. 인스타그램에 뭘 올릴지 고민하던 사역자들에게 아주 좋은 소식이다. 예를 들어 볼까? '이미지 중심+실시간 중심'은 어떨까? 오늘 교회 예배에 대한 실황 사진을 올릴 수 있다.

원소울캠프 "Bethel"(2023)

무려 138명의 학생들이 강단에 나와 풀타임 사역자(선교사)로 헌신했다
교친다는 팔로워들에게 그 승리의 현장을 실시간으로 보고했다.

실시간이기에, 예배 후에 빠르게 편집해서 올려 주는 것이 중요하다. 사람들은 우리의 과거에 관심이 없다. 지금 무엇을 하고 있느냐에 대해 기꺼이 관심을 표현해 준다. 또한 시각적인 이미지에 신경을 써야 하는데, 예배 실황을 찍는다면 조명이나 인테리어, 구도 등에도 신경을 써야 하겠고, 간단한 이미지 편집프로그램을 이용해서 사진에 대한 짧은 설명을 영어로 표현해 봐도 좋다. 인스타그램은 이와 같이 감성적인 디자인이 매우 중요하다.

'이미지 중심+짧은 콘텐츠 중심'을 조합해 보자. 비주얼을 고려하며 최대한 짧은 콘텐츠를 생각해 봐야 할 것이다. 짧은 콘텐츠라는 것은 의미 없는 콘텐츠를 말하는 것이 아니다. 볼거리(호기심을 자극할)가 있거나 의미 있는 이야기가 있으면 좋다. 둘 다 충족한다면 더욱 좋겠다. 아마 우리 교회 사람들의 짧은 간증 콘텐츠를 만들 수 있을 것이다. 카드뉴스로 만들어도 좋고, 릴스 영상으로 만들어도 좋다. 중요한 것은 어느 정도는 배경과 인물에 대한 비주얼을 잊지 말아야 한다는 것이다. 우리 교회 목사님의 인상적인 설교를 자막과 함께 만들어도 좋다. 이러한 설교 편집을 릴스로 하는 방법은 처음 교회친구다모여가 페이스북 기독교다모여를 참고해 개발했는데, 현재는 기독교 콘텐츠들의 스탠다드 형태로 사용되고 있다.

릴스는 짧을수록 좋지만 설교 릴스는 주제를 강렬하게 전달할 수 있는 도입부를 선택한 후, 최소한 60-90초 정도의 러닝타임을 확보하는 것이 좋다. 짧게만 만들려다가 핵심적인 내용을 다 놓치는 것보다는 충분히 해당 주제에 대한 설명과 설득이 들어간 내용을 모두 담는 것이 더욱 반응이 좋다.

여담이지만 설교의 클라이맥스를 릴 스나 쇼츠 형태로, 호기심을 자극할 만한 타이틀과 자막을 사용해 만드는 이 방법은 사실 우리가 함께 생각해 볼 만한 것이 많은 콘텐츠의 형태이다.

교친다 설교 릴스

첫 번째로, 교회친구다모여가 설교 큐 레이션을 주 콘텐츠로 삼게 된 이유 는, 사람들이 찬양보다 말씀을 더 많 이 찾기 때문이었다. 교회친구다모여 는 처음에 찬양 영상들을 받아서 송출 하는 것으로 유명했다. 이 채널을 통해 자신들의 사역팀을 알리고, 지금도 많은 팔로워들과 함께 사역하고 있는 팀도 있다. 그러나 놀 랍게도, 우리는 이러한 유명 찬양팀의 영상들보다, 설교 영상이나 설교 카드뉴스 콘텐츠가 약 네 배 정도 노출 수가 잘 나온다는 사실 을 알게 되었다. 젊은이들은 당연히 찬양을 더 좋아할 것이라고 생 각했는데, 생각보다 말씀에 목말라 있다는 것을 알게 된 것이다.

비슷한 시기에 릴리즈한 두 영상(좌-설교, 우-찬양)의 인사이트 통계
: 설교 영상이 찬양 영상보다 몇 배나 큰 파급력을 가지고 있음을 알 수 있다

지금세대를 만나면서, 이들에게 필요한 것은 위로보다는 해결이 아닐까 하는 생각이 들곤 했다. 이런 내 생각에 확신이 들었다. 확실히 문제에 대한 해결책을 제시해 주는 설교들이 위로보다 훨씬 더 많은 노출 수를 보여 주었다. 만약 청소년, 청년들을 위한 사역을 한다면 이러한 통계가 가지는 시사점을 주목해 볼 필요가 있을 것이다.

설교 릴스의 긍정적인 면이 있다면, 어두운 면도 있다. 설교 릴스들은 짧은 시간에 사람들의 이목을 끌고, 간단명료하게 해결책을 준다. 짧으면 30초, 길면 90초 안에 모든 기승전결이 끝난다. 가끔씩 먹는 별미라면 좋은데, 개인적으로는 이런 설교가 성도의 주식이 되면 문제가 된다 마치 배달 음식이나 패스트푸드를 주식으로 먹으면 탈이 나듯이 부작용이 생길 것이라 예상한다.

우선 50분짜리 주일설교를 듣는 인내심이 없어진다. 빠르게 해결책을 주는 자극들을 많이 받게 되면, 자연히 긴 이야기들이 지루해진다. 설교란 원래 결과를 위해 따라 걷게 되는 과정 이야기가 중요한데, 그 과정을 생략하니 깊이 있는 영성을 전수받는 것이 어려워질 수 있다.

또, 다른 훌륭한 설교자들의 영상을 보게 되니 평가하고 비교하는 마음이 생길 수 있다. 사실, 비교라는 콘텍스트가 가속화된 것은 코로나19 탓이 크다. 비대면 예배 초창기 시절에, 성도들이 자연스럽게 설비가 잘 되어 있는 대형교회의 영상들을 많이 보게 되었다. 그런 교회들과 지역에 있는 작은 교회들의 여러 요소가 비교의 대상이 되었다. 설교 릴스도 비교에 대한 문제가 있을 수 있다. 극단적으로 교회 청년이 "어제 본 설교 릴스에서 술 마셔도 된다던데요?"라고 말했을 때, 사역자는 순간 당황해 버릴 수 있다.

이처럼 교회 안에서 소셜미디어를 아예 못하게 하는 것은 불가능하겠지만, 어느 정도 분별을 갖고 접근할 수 있도록 안내해 주는 것이 필요하다. 집 밥이 진짜 내 영성의 피와 살이 된다는 것을 알려줄 필요가 있다. 물론, 밥을 맛있게 짓는 노력도 필요할 것이다.

교회친구다모여도 이러한 설교 릴스에 대한 장점과 문제점을 파악하고, 더 좋은 콘텐츠 형식을 개발하기 위해 박차를 가하고 있다.

다시 돌아가서, '실시간 중심+짧은 콘텐츠 중심'을 조합해 보자. 실시간으로 지금 하고 있는 교회의 사역이나 프로젝트를 짧은 콘텐츠(릴스)를 통해서 전달할 수도 있을 것이다. 담임목사님이 직접 나와서 이번 단기선교의 시기적 중요함에 대해 이야기한다면 어떨까? 그 릴스를 담은 링크가 교회 모든 성도의 카카오톡에 엄청나게 퍼져나갈지도 모를 일이다.

인스타그램도 동역해야 산다!

소셜미디어에 대하여 아무것도 모르는 사람이 미디어 사역을 처음 시작해야 한다면 어떻게 해야 할까? 인스타그램을 처음 만들어야 한다면, 우선 무엇을 목표로 할지가 중요하다. 처음에 언급했던 계정의 유형처럼, 목회자의 퍼스널 브랜딩 계정인지, 교회 소개인지, 콘텐츠 계정인지를 결정해야만 한다.

그리고 어렵지만 주기를 정해 성실히 업로드해야 한다. (처음에는 일주일에 한 개라도 상관없다. 1년간 꾸준히 할 각오만 있다면) 또한 매일 다른 콘텐츠를 생각해 올리지 말고, 두 개에서 세 개의 업로드 패턴을 만들어야 한다. 매주 수요일엔 금요예배 콘티를 올리고, 주일엔 주일예배 사진을 올린다든지, 월요일엔 주일 예배 설교 릴스를 올린다든지,

이런 식의 업로드 패턴을 만드는 것은 중요하다.

언제 어떤 콘텐츠를 올릴지 정했다면 반드시 업로드 시간을 지켜야 한다. 끈기 있게, 주기적으로 운영해야 한다. 미리 말하지만, 처음에는 뭔가 대박 낼 생각으로 해서는 될 일도 안 된다. 팔로워를 많이 모아야겠다는 생각도 해서는 안 된다. 교회나 단체의 인스타그램을 운영할 때 우리의 목표는 한 가지면 족하다.

'우리 교회가 살아 있다.'
'네가 오면 우리가 받아줄 수 있다.'

이러한 느낌을 계속해서 주기적으로 줄 수 있어야 한다. 그것이 처음 시작하는 수준에서 우리가 목표로 해야 할 수준이다. 이렇게 시작했을 때 다음이 있다. 이런 목표를 위해서 교회나 단체에서 적용할 만한 좋은 방법이 있다. 바로 첫 장에서 이야기했던 혼자하되 혼자 하지 않는 것의 응용 방법이다.

교회나 단체 인스타그램을 혼자 하지 않으려면 어떻게 해야 할까? 앞서 교회친구다모여의 아침 콘텐츠 작가가 10-12명이라고 이야기했다. 교회친구다모여는 10여 명의 작가가 격주로 돌아가면서 콘텐츠를 만들어 올리기 때문에 주기적인 콘텐츠를 수급하는 데 부담을 덜었다. 이처럼 가장 좋은 방법은 인스타그램을 잘 아는 교회 청년들에게 요일별로 코너를 만들어 관리하게 하는 것이다.

A는 주일 청년부 예배 때 사진을 찍고, 그 사진을 보정한다. 월요일 저녁을 마감일(업로드 일)로 정한다. B는 목사님 설교를 릴스로 편집한다. 매주 수요일 저녁을 마감일로 정한다. C는 토요일에 주일 설교 제목을 미리 받아 주일예배 예고 이미지를 만들도록 한다.
중요한 것은 업로드는 한 사람이 하는 것이 좋다. 해킹이나, 관계적인 위험이 있기 때문에 계정의 업로드는 사역자나 가장 책임감이 있는 사람이 하는 것이 옳다. 또 소셜미디어는 우리 교회(단체)의 얼굴과도 같기 때문에, 담당자는 우리 팀을 가장 잘 알고 잘 소개할 수 있는, 팀을 가장 사랑하는 사람이어야 한다.

팔로워들로서도 운영과 소통은 한 사람이 하는 게 결이 맞다. 그러나 꼭 혼자 고생하지 않도록, 각 콘텐츠를 맡는 동료를 많이 모아두도록 하자.

페르소나를 만들어 두자

교회친구다모여는 채널 운영자의 페르소나(성격)가 미리 설정되어 있었다. 단체 등에서 얼굴을 밝히기 애매한 운영자들이 사용하는 방법 중 하나인데, 미리 설정해 둔 캐릭터의 성격에 맞게 피드의 몸 글이나 스토리 등을 게시하여 계정을 운영하는 것이다. 말투나, 자 신에 대한 호칭, 팔로워에 대한 호칭 등을 미리 설정하는 것에 가깝 다고 보면 된다. 교회친구다모여의 페르소나는 다음과 같다.

- 20대 인싸, 밝고 웃음이 많지만, 눈물도 많다.
- 꽤 유머러스하고, 인터넷 밈에 통달한 편.
- 대표님과 격이 없이 지내고, 회사 일도 열심히 하지만 월요일 에 일하러 나가는 것에 솔직하게 불평도 한다.
- 교회에서의 웬만한 사역은 다 해봤음.
- 상담해 주고, 놀아 주는 것을 잘함.
- ♥ 와 ㅠㅠ 이모티콘 없이는 인스타그램을 못함.
- 평범한 외모, 쉬지 않고 웃겨야 살아남는 스타일.

읽다 보면 떠오르는 자매가 있을 것이다. 누구에게나 사랑받고 교 회에서 열심히 하는 '흔한 교회 언니'다. 아침엔 주일학교 교사로 봉사하고 저녁엔 성가대 연습하는 언니. 같이 힙한 카페 놀러가서 케이크 먹으면서 기타리스트 오빠 여자친구 있는지 물어보고 싶은 언니. 뭐든지 너무 잘 알고 소문에도 통달해 있는 든든한 언니.

교회친구다모여의 워딩은 그래서 어느 정도는 꽤 여성적이라고

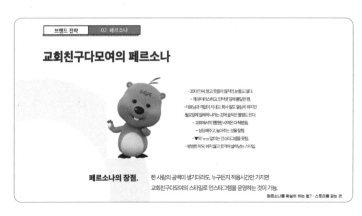

페르소나는 팔로워들에게 해당 캐릭터와 실제로 대화하는 것 같은 느낌을 선사한다

볼 수 있다. 많은 이들에게 최대한 불편함 없이 다가가려는 우리의 고민이 담겨 있는 부분이다.

이렇게 페르소나를 정해 두었을 때 장점은, 운영자 한 사람의 공백이 생기더라도 누구든지 적응시간만 가지면 우리 스타일로 인스타그램 운영이 가능하다는 점이다. 교회친구다모여도 메인을 잡고 있는 총괄 PD인 내가 아프거나 하면, 후임 PD가 거의 비교하기 어려울 만큼 정교한 워딩으로 대체한다. 덧붙여서, 팔로워(구독자, 소비층)들의 페르소나도 정해 놓으면 좋다.

MBTI는 사람 성격을 열여섯 개로 구분해 놓았다고 하지만, 사실 사람들은 대부분이 공유하는 공통된 성질들이 다 있다. 세대를 구분하는 말이 있는 것처럼, 특정 세대는 특정 경험과 감정들을 공유하기도 한다. 그래서 팔로워들의 페르소나를 정하는 것은 중요하다. 잘 정해 놓기만 하면 그 팔로워 층들이 모두 공감할 수 있는 콘텐츠를 만들 수 있다.

- 누가 우리의 채널과 콘텐츠를 보러 올 것인가?
- 주된 나이층이나 성별은 어떨 것인가?
- 낮에 주로 볼 것인가, 밤에 볼 것인가, 아니면 새벽인가?
- 주로 어떤 상황에 놓여 있을 것인가?
- 직장인인가, 학생인가, 아니면 주부인가?
- 어떤 고민이 있을 것인가? 일? 결혼과 이성 교제? 자존감?
- 교회에서 이들은 어떤 위치일까? 사역자? 리더? 아니면 예배만 드리고 집에 가는 사람? 혹은 상처받은 가나안 성도들?

어떻게 타깃에게 도달할 수 있을까?

인스타그램은 보여지기 위해 있는 플랫폼이다. 아무리 좋은 콘텐츠를 많이 올린다고 해도 원하는 사람들에게 닿지 않으면 무용지물이다. 내가 생각한 타깃에까지 도달할 수 있어야 진정 의미가 있는 콘텐츠라고 할 수 있을 것이다.

만약 지역 교회 인스타그램을 운영한다고 했을 때, 어떻게 우리 지역의 교회를 찾는 사람들에게 다가갈 수 있을까? 인스타그램은 고도로 발달되어 있는 이미지 인식 기능과 알고리즘으로 인해, 대부분의 콘텐츠가 비슷한 취향이나 관심사를 가진 사람들에게 도달되도록 만들어져 있다. 때문에, 가장 확실한 솔루션은 그런 사람들이 좋아할 만한 좋은 콘텐츠를 만드는 것이라고 할 수 있다.

하지만 '교회' '기독교' 정도의 키워드 말고, 'ㅇㅇ동의 청년 교회' 수준까지 우리의 타깃을 좁히고 싶다면 어떻게 해야 할까? 혹은 이번 여선교회 전도 대상이 'ㅇㅇ동 초등학교 앞에 있는 어머니들'이라면 어떻게 할 수 있을까?

인스타그램에서 원하는 타깃에 도달하는 방법은 약 두 가지 정도가 있다. 첫 번째는 해시태그를 이용하는 법, 두 번째는 같은 카테고리의 잘되는 계정을 이용하는 법, 둘 다 뻔하지 않은 방법이고 소규모든 대규모든 일반 마케팅 업계에서도 이용하는 팁들이니 참고하면 좋겠다.

'해시태그는 죽었다!'

인스타그램 CEO 아담 모세리가 공식 인터뷰에서 했던 말이다. 이제 더는 #교회 #하나님 #묵상 등의 해시태그가 새로운 사람들에게 콘텐츠를 도달시켜 주지 않는다는 말이다. 몇 년 전이라면 해시태그를 다는 기술까지도 비밀로 하며 지인들에게만 도제식으로 전수하곤 했지만, 지금은 아무런 효용이 없다.

이미지 인식 기능과 알고리즘이 해시태그보다 정확해지면서, 인스타그램은 해시태그의 도달 비중을 서서히 낮춰 왔다. (하지만 언제 그랬냐는듯이 해시태그로 인한 도달은 부활할 수도 있다.)

"죽은 해시태그를 그럼 어떻게 이용합니까?"

당연히 이런 질문이 나올 수 있는데, 이제 우리는 해시태그를 마치 2000년대 후반 싸이월드의 파도타기처럼 이용해서 우리의 타깃을 찾아가 볼 예정이다. 우리의 타깃이 만약 ○○동 초등학교 앞의 카페에서, 아이들을 기다리는 어머니들이라고 해보자. 평범한 어머니들은 해시태그가 죽었는지 살았는지 모른다.

생각나는 키워드들을 넣어 보자. 바로 그 초등학교나, 카페를 이용했던 사람들의 해시태그를 이용한 후기들이 쏟아지는 것을 볼 수 있다. 적어도 지역명을 사용하면, 그 지역과 상관 있는 사람들이 해시태그를 이용한다.

여기 있는 모든 사람에게 ○○초 앞에 우리 교회가 있다는 사실을 드디어 알릴 수 있다. 바로 해당 해시태그를 사용한 사람들의 콘텐츠를 타고 계정을 들어가 보면 된다. 그리고 그들에게 DM을 보내야 할까? 댓글을 달아야 할까? 팔로우를 걸어 맞팔(서로 팔로우를 한다는 뜻)을 요청해야 할까?

전혀 그럴 필요 없다. 오히려 모르는 사람이 메시지를 보내거나 댓글을 다는 것은 무례하다고 여겨질 공산이 크다. 우리는 그저 해당 게시물에 좋아요만 누르면 된다. 좋아요, 댓글, 팔로우 등은 해당 계정을 운영하는 사람들의 스마트폰에 실시간으로 메시지가 뜬다. 그중에서 좋아요는 제일 많은 다수에게 받을 수 있는 반응이기 때문에, 부담이 가장 적다고 볼 수 있다. 부담이 적은 대신, 호기심은 일으켜 준다. 우리의 좋아요를 받은 그 사람은, 반드시 우리 계정에 한 번은 찾아오게 된다. DM이나 팔로우를 통해 부담을 주지 않아도, 충분히 한 번은 우리의 콘텐츠를 노출 시킬 수 있는 것이다.

눈치챘겠지만, 이것은 ○○초 앞에 카페를 운영하든, 코인세탁소를 운영하든 전천후로 활용할 수 있는 방법이다. 중요한 것은, 시크하게 좋아요만 누르고 나오는 것이다.

'○○초'를 실제로 검색어로 넣었을때 나오는 화면

| 같은 카테고리의 잘되는 계정을 이용하라 |

같은 카테고리의 잘되는 계정, 줄여서 경쟁자 계정이라고 해보겠다. 그리스도의 몸 된 교회에 경쟁이란 성립할 수 없지만, 이해를

돕기 위한 표현이니 이해를 바란다.

해시태그를 이용한 방법은 지역 기반의 사역이나 사업에 큰 도움이 된다. 물론 몇만, 몇십만씩 되는 대규모 사역이나 사업에도 초반에 도움이 되는 방법이다. 어쨌든 그에 비해 경쟁자 계정을 이용하는 방법은, 지역 기반보다 스케일이 전국이적이며 확실한 타깃을 잡을 수 있다.

만약 우리가 교회친구다모여와 같은 지금세대를 타깃으로 한 콘텐츠 큐레이션 계정을 만들고 싶다면 어떻게 할까? 답은 정해져 있다. 그런 콘텐츠를 좋아하는 사람들은 이미 교회친구다모여가 수년 동안 몇 십만 명을 모아 왔기 때문이다.

경쟁자 계정을 교회친구다모여라고 설정해 보자. 교회친구다모여에는 이미 수천 가지의 콘텐츠가 올라와 있다. 해당 계정에 방문만 해도 그 콘텐츠들을 다 볼 수 있고, 심지어는 그 콘텐츠에 좋아요를 누르거나 댓글로 반응한 사람들의 계정까지 다 한눈에 볼 수 있다.

여기 있는 모든 사람이 우리의 잠정적인 팔로워이다. 우리는 또 시크하게, 이들의 계정에 들어가 좋아요를 누르고 나오면 된다. 교회친구다모여의 콘텐츠에 관심이 있는 사람이라면, 당연히 새로 만

교친다에 좋아요를 누르고 댓글을 단 사람들

들어진 지금세대를 향한 기독교 콘텐츠에도 관심을 가질 가능성이 크다.

이렇게 우리가 원하는 타깃에게 다가갈 수 있는 방법이 생겼다. 하지만 이러한 방법은 한계가 있다. 교회친구다모여도 팔로워 1만이하일 때는 하루에 몇 번씩 사용했지만, 현재는 전혀 사용하지 않는다. 왜일까?

그것은 좋은 콘텐츠를 만드는 것이 훨씬 효율이 좋기 때문이다. 갖은 방법을 써서 도달을 유도하더라도, 들어갔는데 콘텐츠가 좋지 않으면 그다음 반응을 기대할 수가 없다. 당연하다. 식당 앞에서 휘황찬란하게 모객을 하기에 들어가 봤는데, 막상 먹을 것이 없거나 맛이 없으면 다시는 그 식당을 가지 않게 되는 법이다. 따라서 이러한 방법들은 좋은 콘텐츠를 확보한 다음에, 하다못해 루틴을 확보한 다음에 이용하는 것이 좋다.

또 한 가지 주의해야 할 점은, 위 방법이 너무 좋다고 해서 남발하면 안 된다는 것이다. 인스타그램은 인위적 활동 제한 기준이라는 것을 두었는데, 이것은 인위적으로(혹은 매크로나 서드앱을 이용해서) 같은 행동을 단시간에 많이 하면 안 된다는 암묵적인 규칙이다. 좋아요, 팔로우, 팔로우 삭제, 댓글, 저장 등의 버튼을 단시간에 많이 이용하게 되면 "나중에 다시 시도하세요"라는 경고 창이 나온다.

인위적으로, 기계적으로 많은 사람에게 다가가기 위한 시도를 했을 때 일어나는 일이다. 참고로 이런 좋아요나 팔로우를 자동으로 걸어 주는 서드 앱들도 있는데, 절대 사용하지 않기를 권한다. 인스타그램은 2018년부터 머신러닝을 이용해 이러한 허위 활동을 적발하고 있고, 무엇보다 출처 모를 앱을 사용하다 보면 개인정보가 유출될 가능성도 있다.

좋아요도 아무에게나 짧은 시간 안에 기계적으로 마구 눌러서는 안 된다. 그것은 인스타그램이 좋아하지 않는 인위적 활동에 해당

나중에 다시 시도하세요

Instagram은 커뮤니티를 보호하기 위해 특정
활동을 제한합니다. 이 조치가 실수라고 생각하는
경우 저희에게 알려주세요.

의견을 알려주세요

확인

이 창이 뜨면 무언가 잘못되고 있는 것이다

한다. 그러면 하루에, 혹은 한 시간에 몇 개 정도가 적당할까? 인스
타그램의 인위적 활동 제한 기준은 확실히 발표된 것은 없지만, 해
외 분석사이트나 마케터들 사이에서는 아래와 같이 알려져 있다.

[인스타그램 인위적 활동 제한 기준]

좋아요 | 하루 평균 1,000개 이하, 시간당 40개 이하
댓글 | 하루 평균 180-200개 이하
팔로우/언팔로우 | 하루 평균 200개 이하, 시간당 약 10명
DM | 40-80개

이뿐 아니라 1초에 두세 개씩 콘텐츠를 보지도 않고 좋아요를 누
른다거나 하는 모든 행동이 인위적인 활동에 속한다. 건강하게 인
스타그램을 운영하고 싶다면, 활동 제한 기준에 맞추어서 느리지

만 확실히 우리의 팔로워들을 만들어 나가는 게 좋겠다.

최신 인스타그램 트렌드는 정말 변화무쌍하다. '인스타 감성' '갬성'과 같은 말은 이제 옛말이 되었다. 감성적인 사진, 파스텔톤의 배경에 예쁜 캘리그래피를 올려서 좋아요를 얻는 것도 옛날 방식이다. 카드뉴스는 어떤가? 웬만큼 관심을 끌지 않는 이상 카드뉴스도 어렵다. (교회친구다모여는 카드뉴스 콘텐츠가 아직도 약 30퍼센트 이상 업로드되고 있기는 하다.) 이는 인스타그램이 카드뉴스나 이미지와 같은 피드의 도달률을 의도적으로 낮추고 있기 때문인데, 그 이유는 바로 인스타그램 릴스 때문이다.

| 1분 내외 영상을 활용하라 |

디테일한 기능이 다르기는 하지만, 인스타그램 릴스는 짧은 세로 영상과 이미지(비주얼) 중심이라는 면에서 중국의 틱톡과 같은 역할을 하고 있다. 미국은 2019년부터 꾸준히 틱톡을 견제하는 법안을 추진해 왔고, 2024년 4월 24일, 대통령의 서명이 담긴 틱톡 퇴출 명령이 포함된 법안이 발효되었다. (법안에는 틱톡의 소유회사인 중국의 바이트댄스는 법안 발효 후 165일 내에 틱톡을 매각해야 하며, 매각하기 전까지 앱스토어에서 빠진다는 내용이 담겨 있다.) 물론, 바이트댄스는 바로 미국 정부를 고소했기 때문에, 쉽게 이 매각이 이루어지지는 않을 전망이다.

몇 년 전부터 틱톡이 미국에서 사라질 수도 있다는 소문이 돌면서 틱톡을 주 광고처로 삼던 광고주들이 인스타그램으로 넘어오는 움직임들이 생겼다. 인스타그램 입장에서는 물 들어올 때 노 젓는 양, 틱톡과 비슷한 기능인 릴스를 강화할 수밖에 없는 물리적인 상황이었던 것이다.

지구촌의 정세가 릴스를 돕는 상황이 되었다. 2024년 5월부터 릴스의 도달률이 조금 떨어지고 있다는 제보가 있기는 하지만, 아직도 라이징 스타들은 모두 릴스를 통해 떠오르고 있는 중이다.

현재 인스타그램을 운영할 때 가장 좋은 방식은 피드 1회, 릴스 1회씩, 둘이 번갈아 가며 올리고 시시때때로 하루에 한두 개씩의 스토리를 올리는 것이다. 대댓글이나 타 계정 방문 등을 통하여 소통하는 것도 알고리즘 형성과 노출에 도움이 된다.

기독교 계정을 운영할 때의 릴스의 트렌드는 어떨까? 우선, 말씀 릴스가 찬양 릴스보다는 더욱 노출이 잘 된다. 사역자이고, 얼굴을 밝히는 것이 부담스럽지 않다면 청년들의 질문에 1분 정도 답변을 해주는 코너를 운영하는 것도 나쁘지 않을 것이다.

나는 많은 사역자에게 셀프 카메라라도 해서 짧은 Q&A 설교라도 찍어 보라고 권하곤 한다. 앞으로의 목양은 분명히 미디어 활용을 넘어 미디어 출연이 당연시될 거라 생각한다. 처음 해보면 당연히 어색할 텐데, 지금부터라도 꾸준히 하다 보면 점차 노하우가 늘 것이다.

또 하나의 인스타그램 트렌드는 영어이다. 본인이 영어 스피치나 번역할 수 있는 능력이 있다면, 꼭 그 능력을 썩히지 않기를 바란다. 한국어 설교나 찬양을 영어로 번역한다든지, 영어 찬양이나 설교를 한국어로 번역한다든지 하는 콘텐츠들의 수요가 많다.

우리나라에서는 크리스천 계정의 수요가 약 20만 명 이하이기 때문에 큰 계정을 만들기가 어렵지만, 미국의 엘리베이션 워십(@elevationworship)의 팔로워는 약 394만 명이며, 힐송(@hillsong)은 약 298만 명 정도 된다. 세계 공용어를 잘만 이용할 수 있다면 국내의 팔로워 규모는 금세 성에 차지 않을지 모른다.

지금 부흥하고 있는 국가들의 사역자들과 대화해 보면, K-기독교 콘텐츠들이 얼마나 각광을 받고 있는지 알 수 있다. 부흥의 파도가 강타하고 있는 인도네시아와 브라질 등은 우리나라와 같은 헌신되고 세련된 사역자들의 콘텐츠를 원하고 있다.

또한 한국에서도 외국의 인사이트들에 대해 특별하게 반응하고 있다. 같은 말을 해도 외국어로 하고, 자막을 달면 그 콘텐츠의 노출 숫자가 기하급수적으로 늘어나기도 한다.

교회에서 청년들끼리 쉽게 도전해볼 수 있는 챌린지들도 많은 인기를 얻고 있다. 인스타그램 알고리즘 업데이트가 있은 이후로 콘텐츠가 좋기만 하다면 많은 이에게 노출될 수 있는 기회가 열렸는데, 이런 수혜를 받는 교회나 개인이 꽤 많다.

유행하는 챌린지를 기독교식으로 개사해서 부르거나 춤을 추기도 하고, 외국에서 유행하는 예배 초대 챌린지 등을 우리 교회 방식으로 바꾸기도 한다. 크게는 백만 조회수에 가까운 대박이 나오기도 한다.

교회친구다모여에서도 한국을 강타했던 '꽁꽁 얼어붙은 한강 위로 고양이가 걸어다닙니다' 챌린지를 개사해 '꽁꽁 얼어붙은 한강이 아니더라도, 예수님은 물 위를 걸어다닙니다'라는 릴스 콘텐츠를 업로드한 적이 있다.

AI프로그램으로 기자의 목소리를 따라하고, 예수님이 한강 위를 지나가는 일러스트만 보여 줄 뿐인 이 6초짜리 릴스의 노출 수는 약 72만

교회친구다모여
꽁냥이 챌린지 릴스(2024)

회를 기록했다. 2만 명이 넘는 사람이 좋아요를 눌렀고, 댓글 중에는 크리스천이 아닌 사람들의 반응도 상당했다. 그 순간의 재치에 사람들이 반응해 준 것이다.

작년 한 해 교회친구다모여에서 제일 많은 노출 수를 불러온 릴스는 '나만의 크리스마스 트리 만들기'였다. 마치 그림 맞추기 게임처럼 타이밍을 맞춰 캡처 버튼을 눌러 트리를 만드는 이 릴스의 노출 수는 약924만 회이다. 곧 천만 회를 앞두고 있다.

나만의 크리스마스 트리 만들기 릴스(2023)
약 천만 회의 조회수를 기록한 대 히트 콘텐츠이다

기독교 콘텐츠라고 노출 수가 무조건 적지 않다. 시대가 악해지며 믿지 않는 사람들이 교회를 보는 시선이 다소 싸늘해진 것은 사실이지만, 그들이 교회를 미워하는 마음을 쉽게 정한 만큼, 다시 교회를 좋아하도록 마음을 바꾸는 것도 쉽게 가능하다는 게 우리의 생각이다.

사람들은 자신을 즐겁게 해주고, 감동을 준다면 그것이 교회든 기업이든 가리지 않고 좋아해 줄 준비가 되어 있다. 우리는 기꺼이 문화적인 방법으로 침투해 그들의 삶에 영향을 주어야 한다.

그러나 콘텐츠의 세계는 냉혹하다. 일반 콘텐츠들과 경쟁하는 것은 정말 객관적인 잣대로 평가를 받게 될 수밖에 없다. 일반적인 취향을 가진 사람들에게 기독교적 콘텐츠로 재미와 감동을 주는 것은 오히려 불리할 수도 있다.

기독교는 취향 따위로 정의할 수 없다. 하지만 취향 경쟁에서 그 어떤 매체보다 고상하다는 것을 증명하지 못한다면 기독교 콘텐츠의 미래는 어둡기만 할 것이다. 그리고 그 어려운 것을 해내는 것이 바로 콘텐츠를 만드는 것을 넘어, 스스로 콘텐츠가 되어 가는 우리 크리스천들일 것이다.

종교적 후원(투자) 구조 만들기

'소셜미디어 이야기를 하는데 웬 후원 이야기?'라고 생각할지 모르 겠다. 그런데 몇 년 전, 한 사역 단체 대표와 이야기를 나누다가 한 가지 사실을 깨달았다. 생각보다 많은 사역 단체와 찬양팀이 재정 문제 때문에 그 사역을 지속하지 못하고 와해된다는 사실이었다. 열정만으로, 신앙만으로 하나의 구조를 만들고 유지시키는 것은 어려운 일이다. 젊고 재능 있는 찬양팀들도 경제적 문제나, 결혼과 자녀 양육과 같은 시기적인 문제로 팀을 떠나곤 한다. 그러므로 후 원이나, 콘텐츠의 판매(초청, 공연, 오픈 예배, 굿즈)는 갈수록 사역 단체 들의 중요한 이슈가 되어 갈 것이다.

소셜미디어는 말하자면 우리 단체를 알리는 전광판이다. 후원을 이야기한다면, 소셜미디어를 이용해서 이야기해야 한다. 굿즈 판 매도 마찬가지다. 자립 교회가 아닌 이상, 우리는 유튜브든 인스타 그램이든 이용하여 후원이나 판매에 대한 이야기를 해야 한다. 그 리고 그것이 무엇이든, 팔로워의 입장에서 의미가 있어야 한다.

우리는 2021년부터 이 분야에 대한 연구를 시작했다. 그리고 NGO 단체들의 방법론과, 그 당시 유행하는 비트코인과 NFT의 세계관 을 이용해 후원 구조에 대한 하나의 공식을 만드는 것에 성공했다.

이대로 하면 후원받는다는 무책임한 이야기는 아니다. 다만 후원을 위해 필요한 요소들을 짚어 보는 것만으로도 단체의 현재를 진단하고, 진정성을 가다듬을 수 있는 시간이 되리라 확신한다. 장담컨대, 이제 눈먼 돈이란 존재하지 않는다. 사람들은 믿을 만하고 의미 있는 일에 후원하고 싶어 한다. 우리가 만든 공식은 아래와 같다.

크리에이터(코어 메시지 보유) → 프로젝트

→ 커뮤니티(누가 돈을 내는가) → 로드맵

→ 서비스(소비자가 얻게 되는) → 세계관

이것은 사람들이 후원이라는 결론에 닿을 수 있도록 정리된 단계별 알고리즘이다. 놀랍게도 사역 단체, NGO, 스타트업, 비트코인 등이 모두 이 공식에 들어갈 수가 있었다. (비트코인이 급격하게 인기를 얻은 것은 그것들을 투자하는 커뮤니티의 구성원들의 종교적인 믿음 또한 다분히 들어가 있음도 알 수 있다.)

이 요소들을 순서대로 하나씩 뜯어보자.

| 크리에이터(코어 메시지 보유) | 말 그대로 단체의 대표이다. 여기서 크리에이터는 무조건 코어 메시지라는 것을 가지고 있어야 하는데, 이는 단순히 이 일을 하는 이유가 아닌 '우리는 왜 존재하는가?' '앞으로 어떤 세상을 꿈꾸는가?' 하는 질문에 대한 대답이라고 볼

수 있다. 요점은 크리에이터가 꿈꾸는 세상을 대중들도 함께 꿈꿀 만한지에 대한 점검이다.

| 프로젝트 | 크리에이터가 코어 메시지를 가졌다면, 그것으로 일을 해야 한다. 크리에이터가 하는 일(doing)을 프로젝트라고 칭한다.

| 커뮤니티(누가 돈을 내는가?) | 일을 하게 되면, 그 일을 도울 커뮤니티가 필요하다. 커뮤니티는 우리 프로젝트의 열렬한 후원자이며, 지지자이며, 조언자이기도 하다. 이들을 최종 목표인 세계관까지 데려가는 것이 우리의 목적이다.

| 로드맵 | 커뮤니티는 로드맵에 의해 설득된다. '어떤 일을 어떤 과정을 거쳐 언제까지 할 것인가?'에 대한 대답이다. 로드맵은 디테일할수록 좋고, 숫자와 연관되어 있으면 좋다. 예를들면 "팔로워 2천 명이 모이면, 우리 커뮤니티의 이름으로 고아원에 백만 원을 기부하겠습니다"와 같은 맥락이다.

| 서비스 | 프로젝트와 로드맵에 의해 커뮤니티(소비자)가 얻게 되는 이익을 서비스라고 부른다. 유, 무형의 이익 모두를 포함한다. 예를 들어 NGO단체를 후원하는 후원자가 받는 서비스는 남들을 돕는 것에서 오는 효능감 혹은 자존감 상승 등일 수 있다. 코인 투자자 커뮤니티가 얻는 서비스는 무엇일까? 당연히 경제적 수입이나 도

박적인 짜릿함일 수 있다.

| 세계관 | 크리에이터가 계속해서 코어 메시지와 프로젝트와 로드맵을 발행하고, 커뮤니티가 계속해서 서비스를 얻게 된다면 그것은 하나의 세계관이 된다. 커뮤니티는 소속감을 얻고, 매몰비용이 발생하고, 그것에 대한 이야기를 모여서 하게 된다. 세계관을 만들 수 있을 정도만 되면 경제적인 문제가 중요해지는 것을 넘어서게 된다. 브랜딩이라는 단어라고 표현해야 할까? 후원자들은 이미 자부심까지 느끼고 있을 것이다.

이 후원 구조의 공식을 우리는 하나의 표로 정리했다. 우리 단체를 이 표에 넣어서 후원 받을 만한지, 어디가 부족한지를 살펴보자.

	크리에이터 (코어 메시지 보유)	프로젝트	커뮤니티 (누가 돈을 내는가)	로드맵	서비스 (소비자가 얻게되는)	세계관
교회, 미니스트리	목사님	교리, 예배, 교제, 사역 등	교인	비전	은혜, 정체성, 효능감, 소속감 등	우리 교회만의 문화
NGO	대표	ex) 아프리카 우물 파기, 아동후원 결연하기 등	회원	"우리는 그리스도 의 사랑으로 아이 들의 꿈을 찾아 줄 것입니다. 그러기 위해서는..."	남들을 돕는 것에 서 오는 효능감, 자존감 상승	구조적인 NGO 탄생
비트코인 (NFT)	작가 (크리에이터)	코인 발행 (NFT 발행)	투자자들의 모임 (주로 온라인)	구체적인 계획 (예: 코인이 상장되면 ○○ 프로젝트를 통해 가격을 올린다 등)	경제적 수입, 재미	비트코인(NFT) 세계관 탄생 (전자지갑, 거래소, 커뮤니티 사이트 등)

종교적 후원(투자) 구조는 어떻게 만들어지는가?

이 구조에 애플이라는 회사를 넣어 보자. 애플의 코어 메시지는 "Think Different"이다. 그것이 이들의 핵심 가치이다. 세상을 바꾸는 사람들은 반항적이고 사회부적응자일 수 있지만, 세상은 그들을 무시할 수 없었다. 왜냐하면 그들은 실제로 세상을 바꾸는 사람들이기 때문이다. 이처럼 다른 것을 생각하는 정신(코어 메시지)으로 애플은 세상을 바꾸는 사람들을 지지해 왔다.

애플의 프로젝트는 세상을 바꾸는 사람들을 위한 도구를 만드는 것이다. 애플이 판매하는 제품은 단순한 컴퓨터가 아니다. 창조의 영역에서 새로운 가치를 만드는 도구들이다.

애플의 커뮤니티는 당연히 애플 기기를 사는 소비자들이다. 그들은 기꺼이 코어 메시지에 동의하고, 프로젝트를 구매한다. 돈 쓸 준비가 되어 있는 그들은 매년 애플이 새 제품이나 비전을 발표하는 로드맵 행사인 세계 개발자 컨퍼런스(WWDC)를 기다리고 있다.

애플의 로드맵은 세계 개발자 컨퍼런스를 통해 발표된다. 스티브 잡스는 2007년 이 컨퍼런스에서 전화기, MP3플레이어, 인터넷 기기를 합친 혁신적인 기계인 아이폰을 발표했으며, 2008년에는 일반적인 각대봉투에서 무려 맥북을 꺼내 세상을 놀라게 했다.

애플의 서비스는 생산성일 수도 있지만 효능감이나 자부심에 가깝다. 언젠가 20대 여성들을 대상으로 한 설문조사에서 "아이폰 스페이스 그레이 색상을 사용하는 남성들이 갤럭시 스마트폰에 비해 매력 있다"라는 설문조사 결과를 기억하는 사람은 기억하고 있으리라 생각한다. 더 빠르거나, 확실히 편리하지 않음에도 애플 커뮤니티는 애플만을 사용하게 된다.

여기까지 왔다면 애플의 세계관에 젖게된다. 애플 워치를 차고, 맥북으로 일하고, 아이폰으로 전화를 받는다. 넷플릭스도 아이패드로 본다. 그들의 패션 아이템으로 에어팟 맥스를 목에 착용한 채로, 에어팟 프로를 통해 음악을 듣는다. 더 쉽게 교회나 사역 단체를 예를 들어 보자.

공교회의 크리에이터는 당연히 예수님이지만, 개별 교회에서 코어 메시지(부르심, 핵심 목회가치)를 가진 이는 당연히 담임목사님이나 사역 단체 대표일 것이다. 만약 부르심이 선명하지 않은 상태로 단체의 대표가 되었다면, 그처럼 비극적인 일이 없다.

예 | '우리 교회는 '선교'에 부르심을 받은 교회입니다

교회의 프로젝트는 우리가 따로 생각할 필요가 없다. 교리, 예배, 교제, 구제, 선교 등일 것이다. 그러나 어떤 프로젝트에 더욱 주력

하는지는 코어 메시지가 결정할 수 있다.

예 | 매 예배마다 선교에 대한 설교하기, 선교 헌금 만들기, 강단에 선교사 모시기, 선교에 대한 북클럽 하기 등

교회의 커뮤니티는 성도일 것이다. 성도들은 교회 안에 있는 수많은 프로젝트들에 참여하며 이 표에서 서비스라고 부를 만한 것들을 얻게 된다.

교회는 코어 메시지에 의한 로드맵을 이야기할 수 있다. 로드맵은 실제로 눈에 보이듯이 그려져야 한다. 교회가 그러한 공동체는 아니지만, 객관적인 결과물이나 숫자와 같은 지표가 소개되면 더욱 좋다.

예 | 우리 교회는 내년부터 일 년에 한 가정의 해외 선교사를 파송할 것을 선포합니다

교회 안의 성도들이 얻을 수 있는 서비스에 대해서는 딱히 더 설명

이 필요하지는 않은 것 같다. 하나님의 전적인 은혜와 보호하심, 공동체에 의한 안정감, 평안함, 교회의 비전과 함께하고 있다는 자부심 등이 될 수 있을 것이다.

이처럼 우리 교회의 코어 메시지가 선교라면, 그리고 우리 교회의 커뮤니티가 계속해서 선교에 대한 이야기를 공유하고, 선교적인 프로젝트들을 진행하고 있다면, 그리고 계속해서 선교적인 로드맵을 제시하고, 그것을 이루는 모습을 보여 준다면, 우리 교회의 커뮤니티는 완전히 선교의 세계관 안에 푹 빠지게 될 것이다.

모든 종교적 후원(투자)의 방식이 완전히 들어맞는다고까지 말할 수는 없겠지만, 후원이나 투자가 주가 되어야 하는 비즈니스나 사역을 하고 있다면 꼭 한번 생각해 봄 직한 일이다.

실제 NGO들도 이제 마냥 불쌍해 보이는 영상을 이용해 후원을 불러일으키는 것을 옛날 방식으로 생각하고 있다. 이제는 정확한 코어 메시지와 함께 해결방안(프로젝트, 로드맵)과, 커뮤니티의 참여가 이루어져야 하는 것이다.

05

실전,
기독교 소셜미디어를
위한 글쓰기

글 잘 쓰는 사람이 소셜미디어도 잘한다

글쓰기의 중요성은 아무리 강조해도 지나치지 않는다. 사역자라면 "훌륭한 설교는 훌륭한 글쓰기에서부터 시작된다" 같은 말을 많이 들어 보았을 것이다. 임기응변으로 말을 잘하는 것보다, 준비되어 있는 매력적인 글쓰기가 더 좋은 설교를 만들어 낸다는 말이다.

기획과 마케팅의 기본도 역시 글쓰기이다. 글쓰기는 가장 좋은 생각 정리 방법이자, 사람들을 설득하는 방법의 기초 단계라고 할 수 있다. 소셜미디어 역시 비주얼 중심이라고 하지만, 메시지가 없이는 탁월한 성과를 낼 수 없다. 글쓰기를 잘하는 사람이 소셜미디어도 잘한다.

소셜미디어를 꿰뚫는 테마 중 하나는 공감이다. 공감은 어떻게 일어나는가? 설득당할 때 일어난다. 설득이라고 해서 엄청난 계약을 따내는 것이라고 보면 곤란하다. 그저 조금의 호감을 사는 정도면 된다. 그 정도만으로도 우리가 원하는 공감을 얻을 수 있다. 이제 그 설득하는 글쓰기 방법에 대해 나누게 될 것이다.

기독교식 소셜미디어를 위한 글쓰기는 정말 사랑하는 모 문화선교단체의 기획팀을 위해 내가 만들었던 마케팅 교육 커리큘럼이다. 교계에서는 아직 설교나 칼럼 외의 실용적인 글쓰기 방법이 공유되지 않은 것 같다. 나는 이 커리큘럼 말고도 실무진들을 위한 여러 노하우들이 공유되길 바란다.

이 커리큘럼은 소셜미디어를 위한 짧은 글쓰기에 대한 내용이기 때문에, 긴 호흡의 글쓰기 방법이 필요하신 분들에게는 어울리지 않을 수 있다. 소셜미디어 안에서 어떤 글쓰기가 좋은 반응을 이끌어 내는지에 대한 이야기만 마케터적인 시선을 한 스푼 더해 설명할 예정이다.

설득은 자신을 아는 것에서부터 시작된다

우리는 소셜미디어에 글을 왜 쓸까? 여러 이유가 있겠지만, 기록을 목적으로 비공개로 올리지 않는 이상, 글쓰기의 목적은 하나로 귀결된다.

'우리는 남에게 보여 주기 위해 글을 쓴다.'

이것이 소셜미디어를 위한 글쓰기의 시작이다. 남에게 보여 주기 위해 쓰는 것을 인지하는 것만으로도 글쓰기는 달라진다. 바꿔 말하면 누가 이 글을 읽을 것인지(타깃)를 생각하는 것만으로도 많은 것이 달라진다는 말이다.

예를 들어서 우리가 편지를 쓸 때도, 부모님에게 쓴다면 존댓말로 쓰게 될 것이고, 자녀들에게 쓴다면 구어체로 편하게 적게 될 것이다. 말투와 구성 자체가 달라진다. 하다못해 설교나 기도문을 쓸 때도 독자(회중)를 염두에 둔다면 조금 더 디테일한 뉘앙스를 줄 수가 있다.

독자(타깃)를 생각했다면 이제는 쓰는 사람인 나 자신을 돌아볼 때이다. 그러나 소셜미디어에서 나 자신을 돌아보는 것은 조금 다른 의미이다. 소셜미디어의 특성상, 그것은 결국 '다른 사람들이 나를 어떻게 보고 있는가?'에 가깝다.

> "사람들은 '나'를 어떤 시각으로 바라보고,
> 또 어떤 사람이라 생각할까?
> 사람들은 나를 통해 '우리 단체'를 바라보고 있을까?"

제3자의 시선에서 우리 단체를 바라봐야 한다. 객관적인 내 현재 위치를 파악하고 있어야 한다. 팔로워가 우리에게 바라는 것들이 무엇인지를 알고 있어야 한다. 나(우리)의 이미지, 규모와 위치, 나에게 바라는 행동들이 소셜미디어에서 행동과 포지션을 어느 정도 결정하게 될 것이다.

결국 교회를 찾는 사람들에게 우리 교회는 어떻게 다가올지를 상상해 보자는 것이다. 그들이 우리 교회를 보는 시선은 어떨까? 바라는 것은 무엇일까? 그들에게 우리 교회는 어떤 이미지일까?

독자(타깃)을 알고, 나를 알았다면 이제 교회 인스타그램에 들어가는 글들이 조금 더 새가족에게 맞춰질 수 있을 것이다. 심지어 디자인도 더욱 세련되게 바꾸고 싶어질 것이다.

설득하는 사고방식 세 가지

적을 알고, 나를 알았다면 이제 무기를 고를 때다. 설득할 때의 무기는 바로 사고방식에 숨겨져 있다. 설득하는 사고방식을 가지려면 어떻게 해야 할까?

어떻게 하면 설득하는 마인드셋을 가지고 글쓰기에 임할 수 있는 걸까? 교회친구다모여를 운영하며, 수 많은 기독 콘텐츠들을 마케팅하며 내가 유의하게 된 여러 설득의 마인드셋을 먼저 공유해 보고자 한다. 이미 다른 서적들에게서 소개된 방법일 수 있지만, 교회나 단체에 적용해 볼 수 있는 실용적인 시선으로 한번 소개해 보겠다.

프로세스 이코노미에 대한 설명은 앞서 소셜미디어의 원리에 대해 설명한 바 있다. 사람들은 이제 결과를 사지 않고 과정을 산다고 했다. 소셜미디어는 프로세스 이코노미를 실천하기에 가장 좋은 플랫폼이다. 소셜미디어의 실시간성이 그것을 가능하게 해준다. 결과를 위한 현재진행형으로 일어나는 사건들의 기록, 그것이 소셜미디어 안에서의 프로세스 이코노미이다.

예를 들어 내가 작은 찬양 사역 단체의 대표라고 해보자. 우리 사역 단체의 과정에는 무엇이 있을까? 찬양팀을 만들기 위해서 전문가를 만나 조언을 듣거나, 좋은 인재를 영입하는 과정을 기록할 수 있다. 예배 장소를 구하기 위해 우리의 철학이 담긴 장소를 찾아다니는 모습을 사진이나 영상으로 남길 수도 있다. 예배의 본문을 준비하는 과정이나, 회중들을 모집할 때의 모습들, 그리고 예배를 받으실 하나님 앞에 기도하고 준비하는 모습들을 담을 수 있을 것이다.

하나의 멋진 예배도 물론 중요하지만, 사람들은 이제 그 과정이 어땠는지, 선하고 정당했는지를 더욱 중요하게 바라본다. 결과를 보여 주는 것보다, 과정을 매력적이게 보여 주어서 사람들을 설득하려는 태도. 이것이 프로세스 이코노미를 실천한 설득하는 사고방식이다.

설득하는 사고방식 두 번째는 스토리텔링(Story Telling)이다. 정확히 말하면 스토리텔링은 이제 옛날 개념이다. 2천 년대 들어서, 스토리텔링이라는 단어가 중요해졌다. 무엇을 팔거나 설득해야 하는 사람들에게는 더더욱 그랬다. 상품의 완성도를 넘어서, 그 상품에 대한 스토리를 전해야 했으니 말이다.

그러나 20년이 넘게 지난 지금 스토리텔링은 기본적으로 탑재되어 있는 방식이 되었다. 이미 발전된 개념이 두 가지가 더 있는데, 그 발전 과정은 바로 다음과 같다.

스토리텔링(Story Telling) → 스토리 두잉(Story Doing)
→ 스토리 리빙(Story Living)

스토리텔링은 스토리를 그저 이야기 하는 것이다. 우리가 어떤 펜을 판다고 해보자. 펜의 기능을 이야기하고, 사용처를 이야기하는 것은 스토리텔링이라고 볼 수 없다. 스토리텔링은 이 펜에 얽힌 이야기들을 푸는 것이다.

가령 명품 펜이라면, "역대 미국 대통령들이 서명할 때 가장 많이 쓰는 펜, 중요한 결정을 하는 리더들의 명품 펜, ○○○을 사용하세요"라고 말하는 것이다. 스토리는 상품에 대한 이미지를 만들어 준다. 사람들은 잘 써지는 펜을 사는 것이 아니라 리더의 이미지를 구매하는 것이다.

스토리텔링은 예배에도, 전도할 때나 심방 때도 당연히 적용할 수 있다. 아무 스토리 없는 예배는 그저 지난주에 드리고 이번 주에 또 드리는 예배로 지나가 버릴 수 있다. 그러나 집안의 반대에도 무릅쓰고 머리카락이 다 잘린 상태에서 터덜터덜 걸어와 하나님 앞에 무릎꿇는 예배라면 어떨까? 좀 극단적인 예이긴 하지만, 스토리를 가졌다면 눈물바다가 된다. 이렇게 스토리텔링만을 사용해도 엄청난 효과를 누릴 수 있다. 그런데 그다음 단계가 중요하다.

스토리 두잉은 무엇일까? 더욱 진보된 개념인 스토리 두잉은 스토리를 가진 채 행동하는 것을 말한다. 이것은 하나의 프로젝트에 가깝다. 최근에 급성장했던 거대 브랜드들은 모두 스토리 두잉의 귀재들이다.

가령 스타벅스는 환경을 지켜 해양생물들의 생명을 구하고 싶다는 스토리를 가졌기 때문에, 스토리 두잉으로 플라스틱 빨대를 종이 빨대로 교체하기 운동을 해왔다. 북극곰의 슬픈 하루를 묘사하며 환경을 지키자고 캠페인하는 것은 스토리텔링이지만, 그 스토리를 가지고 재활용 자재를 사용하는 것은 스토리 두잉이라고 할 수 있다. 교회는 스토리 두잉을 적용할 수 있는 좋은 무대이다.

한국 교회의 주보 인쇄를 위해 매년 나무 22,000그루가 잘려 나가고 있습니다. 우리 교회는 하나님이 맡기신 청지기의 역할을 다하기 위해, 주보 인쇄를 오늘부터 재생종이로 대체하기로 하였습니다.

어떤가. 훌륭한 스토리 두잉이지 않은가? 말로만 작은 교회가 많아지는 것을 외치는 것이 아니라, 작은 교회를 위해 분리 개척에 힘쓰는 교회가 될 수도 있다. 말로만 이웃 사랑을 실천하는 교회가 아니라, 명절에 고향에 가지 않고 남는 외로운 청년들을 위해 선물 꾸러미를 나눠 주는 프로젝트를 진행할 수도 있는 것이다.

가장 최신의 개념은 스토리 리빙이다. 스토리 리빙은 기업들이 흉내 내기 어려운 영역이다. 하지만 매출에 도움이 된다면 그들은 무엇이라도 한다. 그렇기에 현재 가장 주목받는 기업이나 브랜드들은 모두 스토리 리빙을 적용하고 있다.

스토리 리빙이란 말 그대로 이야기하는 대로 사는 것이다. 스토리 두잉처럼 단발성의 프로젝트가 아닌, 평생을 하나의 콘셉트를 가지고 살아 내는 것을 말한다. 인생 전체를 통해서 하나의 스토리를 말하는 것이다. 그들은 인테리어나 먹는 것, 입는 옷을 통해 자신을 표현한다.

홍대나 성수동의 카페 주인들을 보면 잘 알 수 있다. 그들이 어떻게 공간을 꾸미고, 무엇을 먹고, 어떻게 입는지를 보면 어떤 스토리를 가졌는지 대강 유추할 수 있다. '아, 채식주의자구나!' '와, 이분 정말 히피스럽다!' '완전 힙합인데?' 우리는 그런 스토리 리빙을 하는 사람들을 일컬어 '힙하다'고 표현한다. 그런 사람의 공간, 그런 사람이 만든 먹거리, 그런 사람이 만든 옷들을 우리는 기꺼이 줄을 서서 구매한다.

교회에서 가장 스토리 리빙을 잘하는 사람은 누구일까? 그것은 선교사들이다. 선교적 삶을 사는 사람들이다. "예수 그리스도가 쓰레기처럼 버려질 수밖에 없는 삶을 살고 있었던 나를 구원해 주었다"는 스토리를 가진 사람들이 예수로 사는 모습을 보여 준다면 그것이 바로 크리스천의 스토리 리빙일 것이다.

선교사들은 그 하나의 콘셉트에 삶 전체를 걸어 버린 사람들이다. 그들은 예수님처럼 행동하고, 예수님처럼 사랑한다. 예수님이 자신에게 그랬던 것처럼, 같은 문제를 가지고 있는 영혼들에게 다가간다. 이런 삶을 사는 크리스천이 바로 매력적인 크리스천인 것이다.

대부분의 매력이 없는 크리스천은 하나의 콘셉트에 목매지 않는다. 여러 가지 복잡한 가치들이 난잡하게 물려 있다. 복음만 가지고 살고 싶은데, 돈과 명예가 보이기도 하고, 여러가지 구조나 프로그램이 보이기도 하는 법이다.

역사상 스토리 리빙을 가장 잘했던 인물이 있다. 스토리 리빙의 신화적인 존재. 그는 예수 그리스도이다.

"에고 에이미(εγωειμι, 나는 나다, 내가 그다)."

요한복음에 예수님이 이와 같은 말씀을 일곱 번 하신다. 그분은 생명의 떡이고, 세상의 빛이며, 양의 문이고, 선한 목자이고, 부활이요, 생명이고, 길이요, 진리요 생명이다. 그리고 그는 참 포도나무이다.

"내가 바로 그다."

이 이야기를 위해 예수님은 평생을 사셨다. 이 영적 세계에 속한 이야기들을 땅에서 비유로 행하셨던 분이 바로 예수님이다. 참으로 스토리 리빙이라는 마케팅(브랜딩) 기법을 사용하는 모든 이의 본이 될 만한 분이다.

스토리를 표현하는 세 가지 기법, 스토리텔링, 스토리 두잉, 스토리리빙의 개념만 이해하더라도 우리가 어떤 생각을 하고 그것을 현실화하는지에 대한 큰 영감을 준다. 기능을 말하는 것을 넘어 스토리를 말하는 것으로, 스토리를 말하는 것을 넘어 그것에 대한 행동을 하는 것으로, 단기간의 행동을 넘어 평생 그렇게 살며 취향과 라이프 스타일을 표현하는 것으로, 우리는 이와 같이 메시지를 전할 수 있다. 이것이 소셜미디어와 매력적인 사역을 위해 함양해야 할 사고방식이다.

우리는 가끔 아무 스토리 없이 일만 해야 하는 경우가 많다. 예를 들면 위에서 시키는 일이거나, 싫은데 해야 하는 일들에는 스토리가 깃들기 어렵다. '담임목사님이 시켜서 어쩔 수 없이 하는 체육대회' '하고 싶지 않은데 돈을 위해 해야 하는 외주 일' 등이 그렇다. 스토리가 없는 일이고, 남들이 볼 때 매력이 없다. 이런 부분들을 빠르게 탈피해야 한다. 남들이 시켜서 하는 일이라도 분명히 나의 스토리는 존재할 수 있다. 다른 사람은 몰라도 우리는 그 일에 대한 의미를 찾을 수 있다. 우리의 모든 이유가 되시는 예수 그리스도가 계시기 때문이다.

| 골든서클의 생각방식을 적용하라 |

골든서클은 영국의 작가 사이먼 시넥(Simon Oliver Sinek)이 10년도 더전에 발표해 미국 TED를 강타했던 개념이다.

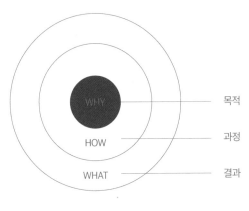

사이먼 시넥의 골든 서클(2010)

Why 는 일을 하는 목적, 동기, 신념을 의미한다.

How 는 일을 하는 과정을 의미한다.

What 은 결과물이다.

사이먼은 대부분 사람이 바깥(What)에서부터 안(Why)으로 생각한다고 말한다. 그러나 크기나 산업과 무관하게 영감을 주는 리더와 조직은 안쪽(Why)에서부터 생각하고, 행동하고, 커뮤니케이션을 해야 한다는 것이다.

'나는 이 일을 왜 하는가?'에 대해서 생각해 본 적이 있는가? 혹시 해야 하니까 하고 있지는 않은가? 라이트 형제가 인류의 새로운 미래를 위해 1900년대 초반에 비행기를 개발하려고 할 때, 미국 하버드대학교에는 최초로 무인 비행에 성공한 랭리 박사가 있었다. 국

방성에서는 랭리에게 막대한 자금과 연구진을 지원했고, 언론도 관심을 가졌다. 그런데 웬일? 오하이오 주의 작은 자전거 수리공인 라이트형제가 유인 비행을 성공해 버리고 만 것이다.

랭리는 소식을 듣자 곧바로 비행기 개발을 포기해 버리고 만다. 왜 그랬을까? 그는 비행기를 개발하고 싶었던 것이 아니라, 돈이나 명예를 위해 이 일을 하고 있었기 때문이다. 라이트 형제 다음으로 유인 비행을 성공하는 것은 아무런 의미가 없었던 것이다.

이처럼 '왜?'는 성과나 진도, 깊이, 결과에도 영향을 미친다. 교회 수련회를 예를 들어 보자. 우리는 교회 수련회를 왜 하는가? 혹시 이유라고 든 것이 '여름이 와서' '목사님이 하자 그래서'인가? 그러면 결과물(What)인 수련회부터 방법을 찾고, 그다음에 의미를 찾는 쪽으로 발전할 수밖에 없다. 이런 사고방식으로는 탁월함을 갖기 어렵다. 평범한 수련회의 홍보 문구는 이럴 것이다.

다시 여름이 왔습니다. 7월 ○○일! 장소는 ○○○ 수양관에 서 진행합니다. 시설이 좋고, 밥이 맛있습니다. 은혜를 나눠 주실 좋은 강사님들도 준비되어 있으니, 이번 달 말까지 등록하시면 얼리버드로 2만 원 싸게 등록하실 수 있습니다.

그러면 골든서클의 Why를 적용한 수련회의 홍보 문구는 어떨까?

수련회는 왜 매년 똑같아야 할까요? 왜 은혜받고 이틀도 안 돼서 똑같이 돌아가 버리고 말까요? 왜 기도할 때는 좋은데, 어쩐지 공허함이 자리잡는 걸까요?

그래서 우리는 '잊을 수 없는 수련회'를 만들기로 했습니다!

최고의 강사분들을 세우는 것을 넘어서 그들과 직접 만날 수 있는 시간을 마련했습니다. 또한, 그 어떤 수련회보다도 오래 기억에 남을 수 있도록, 수련회의 조별 활동을 늘리고, 마지막에는 추억 사진찍기 부스까지 준비했습니다.

7월 ○○일. ○○○ 수양관에서,
평생 잊을 수 없는 수련회가 시작됩니다.

What으로 시작하는 것과 Why로 시작하는 것의 차이를 알겠는가? 사이먼이 TED에서 들었던 예 중에 가장 직관적인 것은 애플과 다른 회사의 스마트폰에 대한 광고였다. 일반 스마트폰은 카메라가 몇 개인지, CPU가 뭐가 들어갔는지에 대한 스펙과 사용성에 대한 이야기를 한다면, 애플은 "우리 모두는 현실에 도전해야 하며, 우리는 다르게 생각하기의 가치를 믿습니다"(Why) 라고 말한다. 그다

음에서야 "우리가 현실에 도전하는 방식은 모든 제품을 유려한 디자인, 편리한 사용법, 사용자 친화적으로 만드는 것입니다"(How)라고 말하고, "그래서 이 훌륭한 스마트폰이 탄생했습니다"(What)라고 결론짓는다.

같은 스마트폰 제조사이고, 경쟁사와 다른 게 하나도 없다. 경쟁사들도 당연히 이 제품들을 만들 기술력이 있다. 자본력도 있을 것이다. 결국 Why가 있는지 없는지가 그들과 애플의 차이를 만들었다. Why는 곧 스토리텔링에서의 스토리와 같다. '이 일을 왜 하는가?'의 정답이자, 사람들이 나의 콘텐츠, 나의 생각, 우리 교회(단체)를 선택하는 이유는 그 일에 대해 내가 가지고 있는 스토리라는 것이다.

얼마 전, 이스라엘에서 20년 넘게 사역 중인 한인교회 목사님과 식사를 했다. 그분이 Why와 스토리텔링에 대해 엄청난 인사이트를 주었는데, 바로 그 목사님이 20년간 보아 온 유대인들의 생각 방식에 대한 이야기를 통해서였다.

"유대인들은 생각하는 방식이 우리랑 달라요. 무엇에든지 그것에 대한 스토리가 우선이에요. 예를 들어 우리는 추석을 왜 명절로 지켜야 하는지 이유를 모르죠. 그런데 유대인들은 어렸을 때부터 출애굽에 대한 스토리를 귀에 못이 박히도록 듣습니다. 유월절을 왜 지키는지 모르는 사람이 없어요. 그래서 유월절이라는 명절 자체가 완전히 생동감이 넘칩니다."

"유월절을 왜 지키는가?"에 대한 답은 출애굽 스토리이다. 유월절 밤에 죽음의 재앙이 그들에게서 넘어갔고(Passover), 애굽에게서 극적으로 해방된 그 이야기 자체가 이들이 명절을 지키는 이유가 된다. 준비부터 식사의 순서까지, 심지어 무교병을 먹는 이유까지, 모두 Why에 대한 스토리가 존재한다.

'우리는 추석을 왜 지키는가?'에 대해서 생각해 보자. '가족이 모이기 때문에'는 What에 속한 영역일 뿐이다. 추석의 의미에 대해 나무위키에 검색해 보면 "추석 즈음에는 대부분의 곡식이나 과일들이 익지 않은 상태인데, 추수를 하기 전, 농사의 중요 고비를 넘겼을 때 미리 곡식을 걷어 조상들에게 제사를 지내고 풍년을 기원하는 것이 추석의 본 의미이다"라고 설명한다.

한국의 추석은 미국의 추수감사절(Thanksgiving Day)과도 다르다. 미국의 추수감사절이 이미 추수가 끝난 것에 대해 감사하는 날이라면, 한국의 추석은 추수에 앞서 풍년을 기원하는 날인 것이다. 이 의미를 알고 추석을 지키고 있는가?

Why와 스토리를 탄탄히 생각하는 것이 중요하다. 모든 일하는 방식을 이 골든 서클에 접목하면 좋다. 그러면 그냥 하는 일이 없게 된다. 그것이 사람을 설득하는 일, 매력적인 크리스천이 되는 일,

기독교식 소셜미디어 글쓰기의 첫걸음이라고 할 수 있다.

| 좋은 표현들을 기록하라 |

좋은 표현들을 기록하는 것은 설득하는 사고방식에 대한 부분보다는 조금 더 실무적인 영역이라고 할 수 있다.

중국 송나라의 역사적인 정치가이자 문학가인 구양수(歐陽脩, 1007-1072)는 글쓰기를 잘하는 방법에 대해서 이러한 금언을 남겼다.

다독(多讀), 다작(多作), 다상량(多商量)

"많이 읽고, 많이 쓰고, 많이 생각하라(고치라)"라는 뜻이다. 오늘날 한국에서도 많이 쓰는 말이다. 이 중에서 좋은 표현들을 기록하기는 다독에 해당하는 말이다. 요즘 말로 하면 레퍼런스 잘된 콘텐츠 사례를 많이 보고, 보관하고 있어야 한다는 말이다.

어떤 것이 좋은 표현일까? 소셜미디어를 위한 글쓰기에서의 좋은 표현은 단순히 내가 좋아하는 표현을 말하는 것은 아니다. 객관적으로 결과가 좋게 나왔던 콘텐츠들을 많이 기록해 두라는 것이다. 어떤 광고가 정말 재미있고, 조회수도 많이 나왔다면, 그 광고물에 나왔던 표현 방법들, 기법들, 워딩들을 기록하는 것이다.

예를 들어 교회친구다모여는 중요한 광고에 콘셉트가 맞을 때, '상큼한'이라는 단어를 많이 사용한다. 상큼한이라는 단어를 우리 타깃의 사람들이 좋아하고, 많이 클릭한다는 사실을 알았기 때문이다. 이처럼 다른 사람들의 글에서 좋은 표현을 기록하는 것도 중요하지만, 그만큼 우리 채널의 게시물 중에서 반응이 좋았던 표현법들을 기록하는 것도 필요하다.

중요한 것은 '객관적으로 반응이 좋았던 게시물 + 내가 써 봤더니 좋았던 표현 또는 내가 잘 쓸 수 있는 표현'을 많이 수집해 두는 것이다.

좋은 책을 많이 읽다 보면 책을 보는 눈이 생긴다. 좋은 사례를 많이 수집해 두다 보면 콘텐츠를 만드는 눈이 생긴다. 좋은 표현과 잘된 사례들이 쌓이면 쌓일 수록 우리는 실패 확률이 적어지는 콘텐츠를 만들 수 있게 되는 것이다.

실제 소셜미디어 콘텐츠는 어떻게 구성되어 있을까

실제 콘텐츠를 보며 이야기해 보자.

사진은 광야아트센터에서 2024년에 진행했던 기독교 뮤지컬 〈아바〉에 대해 교회친구다모여가 직접 만들었던 홍보 게시물의 첫 페이지이다. (광야아트센터의 기독뮤지컬은 대한민국 최고 수준이다. 꼭 365일 기독교 뮤지컬이 올라가니 꼭 한 번 검색해서 보러 가기를 추천한다.)

맨 위부터 서브 타이틀, 타이틀, 정보, 최종 목표, 첫 줄로 구성되어

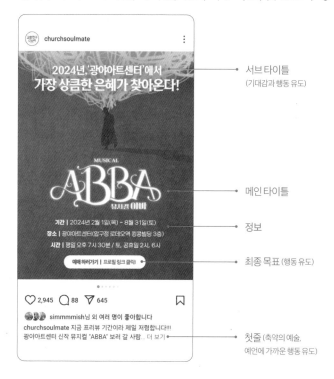

어디에 신경써야 하는가?
: 뮤지컬 〈아바〉 홍보 게시물(2024)

있다. 어디를 가장 신경써야 할까? 그리고 어떻게 써야 사람들이 이 뮤지컬을 보러 올까?

마케터로서 생각했을 때, 가장 중요한 부분은 역시 행동 유도가 들어가는 부분이다. 서브타이틀과, 최종 목표, 첫 줄이 그렇다. 사실 우리는 타이틀과 정보(What)에 관심이 많다. 그것은 주는 사람 입장에서 중요한 것이다. (많은 크리에이터와 단체 대표가 이 실수를 한다. 주는 사람 입장에서 좋은 것이 꼭 받는 사람 입장에서 좋지 않을 수도 있다.) 콘텐츠를 받는 사람으로서 중요한 것은 '왜(Why) 내가 이 뮤지컬을 봐야 하는가?'이다. 그것을 설득하는 부분이 바로 행동 유도의 부분이다.

보통 한국인 시선은 왼쪽 위에서부터 오른쪽 아래로 향한다. 그렇다면, 해당 콘텐츠에서 가장 먼저 보는 쪽은 왼쪽 위인 서브타이틀이나 눈에 띄는 타이틀 부분일 것이다. 이곳은 프로의 세계다 보니 매력적인 디자인이어야 할 것은 말할 것도 없다. 일단 중요한 행동 유도의 첫번째로, 우리는 기대감을 불러 일으키는 워딩(2024년, 가장, 상큼한 등)으로 서브타이틀을 만들었다.

그다음 최종 목표는 예매는 프로필 링크를 클릭해서 들어가라는 말이다. 인스타그램은 본문 내에 하이퍼링크가 불가능하기 때문에, 해당 계정의 프로필에 따로 링크를 만들어서 들어갈 수 있도록 해놓았다. 그것이 '프로필 링크'이다.

많은 사람이 공연이나 예배에 대해서 소개할 때, 최종 목표를 간과하는 실수를 한다. 공연이라면 신청 방법을, 예배라면 찾아오는 법이나 안 어색하게 안내받는 루트를 최종 목표로 삼아서 보여 줄 수 있어야 한다. 너무 좋은 공연이나 예배인 것은 알겠는데, 신청하는 법이나 가는 법을 모르면 어떻게 하겠는가? 그래서 최종 목표를 우리는 버튼 형태로 디자인했다.

마지막으로 첫 줄은 행동 유도 중에서 가장 중요한 부분이다. 인스타그램은 이미지 말고도, 첫 줄이 노출된다. 첫 줄 아래의 내용을 확인하려면 더 보기 버튼을 눌러야 하는데, 아무래도 이미지나 첫 줄이 매력적이지 않으면 누르지 않기 때문이다.

첫 줄은 말 그대로 한두 줄로 사람들의 행동을 유도해야 하는 엄청난 미션이다. 그래서 첫 줄은 축약의 예술이다. 한두 마디로 사람을 움직이는 것은 좀처럼 쉬운 일이 아니다.

해당 게시물의 첫 줄은 "지금 프리뷰 기간이라 제일 저렴합니다!! 광야아트센터 신작 뮤지컬 〈ABBA〉 보러 갈 사람 다 소환"이었다. 필요한 이야기들을 축약하여 다 했고, 사진에 적어 둔 코멘트처럼 예언에 가까운 행동 유도를 하였다. 이 게시물을 보고 매력을 느꼈거나, 뮤지컬을 보러 가고 싶은 사람들은 댓글 태그를 통해 함께 가고 싶은 사람들을 소환할 것이다.

한 장의 이미지와 글을 쓸 때 이 정도의 계산이 들어가는 것은 이미 프로의 영역이지만, 소셜미디어를 단체로서든 개인으로서든 운영하려고 할 때 참고하는 것은 나쁘지 않을 것이다.

어떤 피드 게시물이나 릴스 영상이든 첫 줄은 너무나 중요하기 때문이다. 첫 줄은 노골적인 행동 유도일 수도 있고, 매력적인 워딩을 통해 좋아요를 유발하는 간접적인 행동 유도일 수도 있을 것이다. 그 어떤 것이든 첫 줄은 이 게시물을 계속 보아야 하는지에 대한 사람들의 판단 기준이 된다. 이것만으로도 충분히 첫 줄이 중요하다는 것을 알 수 있다.

디자인 측면에서 두 게시물 비교하기

두 예시 게시물은 교회친구다모여에서 홍보했던 각기 다른 공연의 홍보물이다. (공연의 타이틀은 공정한 비교를 위해 삭제하였다.) 'ㅇㅇ 공연을 보아야 하는 N가지 이유' 같은 콘셉트로 만들어진 콘텐츠이다. 둘을 비교해 보니 어떤 콘텐츠가 더 눈에 들어오는가? 누구든지 바로 왼쪽의 게시물이 잘 될 수밖에 없을 거라고 생각할 것이다. 아까 말했던 서브타이틀, 타이틀, 정보, 최종 목표, 첫 줄의 싸움이다.

비슷한 콘셉트의 다른 게시물 비교

왼쪽의 연극은 서브 타이틀이 확실하다. 평점이 9.4에 랭킹 1위 공연이란다. 반면 오른쪽의 뮤지컬은 이렇다 할 서브 타이틀이 존재하지 않는다. 오히려 타이틀조차 약간 애매한 위치에 있어서, 어떤 공연을 광고하는지를 알 수가 없게 해놓았다.

이러한 요소들의 배치는 IT/스타트업 업계에서의 UX/UI 디자인의 영역과 일맥상통하고, 디자인 업계에서는 전통적으로 레이아웃이라고 표현한다. UX는 사용자의 경험을 의미하며, UI는 앱이나 제품(콘텐츠)의 시각적인 디자인을 포함한다. UX는 편의성과 만족도, UI는 외관 등을 담당한다고 보면 된다. 인스타그램 콘텐츠에도 이러한 편의성과 외관들을 적절히 신경써 주어야 한다.

왼쪽 연극의 첫 줄은 어떤가? 예언적인 행동 유도가 들어가 있다. "드디어 기독교에도 이런 웰메이드 연극이ㅠㅠㅠㅠ"라는 워딩이 바로 그것이다. 이 게시물과, 연극을 본 사람들의 반응을 우리가 예측해서 첫 줄로 미리(예언적으로) 적어 둔 것이다. 말하자면 '당신은 이렇게 반응하게 될 겁니다'라는 표현으로 호기심과 기대감을 잡았다.

오른쪽 뮤지컬의 첫 줄도 나쁘지는 않다. 타임세일을 하니 지금 사라는 내용이다. 다만 "한 명 가격으로 친구까지 두 명이 본다고? ㅠㅠㅠㅠ 진짜 대박" 같은 워딩이 조금 더 친구를 소환해 오는 예언적인 행동 유도를 할 수 있다고 본다.

기독교적 소셜미디어를 위한 글쓰기 원칙

| 첫째, 짧게 써라. |

카드 뉴스의 경우는 한 페이지당 한 문장씩 쓰는 게 좋다. 많아야 두 문장일 것이다. 첫 줄 쓰기도 마찬가지다. 한 문장에 끝나는 것이 가장 좋다. 최대한 짧게 쓰고, 이해가 잘되도록 하는 것이 중요하다. 그러면서도 어색하지 않고, 찰진 문장을 적어야 한다. 그러면 무엇이 찰진 문장일까? 주변 사람들이 글쓰기에 대한 조언을 물을 때마다 나는 내가 제일 좋아하고, 잘하는 방법을 말해 준다.

"다 써놓고, 소리 내서 읽어 보세요."

소리 내서 읽었을 때 어색함이 없는 문장이 소셜미디어 안에서의 잘 쓴 문장이라고 할 수 있다. 소리 내서 읽었을 때의 리듬감이나, 뉘앙스를 신경쓰는 것도 중요하다. 또, 문장을 소리 내서 읽는다면 보이지 않는 오타를 잡기에도 좋다.

이미 글을 완성했더라도, 더 짧고 이해가 잘되는 방법이 있는지 계속해서 고민하는 것도 좋다. 이것을 작가들은 퇴고라고 부르는데, 소셜미디어를 위한 글쓰기에서는 퇴고의 방향성이 '어떻게 하면 더 짧고, 이해가 잘 되게끔 하는가'라고 보면 좋다.

| 둘째, 착하지만 자극적인 언어를 사용해라. |

온라인과 소셜미디어는 자극적인 언어로 가득 채워져 있다. 성적인 코드나, 폭력적인 코드, 두려움을 자극하는 코드, 가학적이거나 관음적인 욕구를 자극하는 코드들을 가진 언어들이 넘쳐난다. 한 번 클릭을 위해 이렇게까지 많은 코드를 이용한다.

기독교 소셜미디어를 위해서도 자극적인 언어는 필요하다. 단지, 세상의 나쁜 언어들을 모두 따라할 수 없을 뿐이다. 세상의 언어들 중에서는 교회가 받아들일 수 없는 가치가 너무나 많기 때문이다. 그래서 착하지만 자극적인 언어가 필요하다.

700명이 인정한 기독교 역사상 최고의 뮤지컬!
보는 것만으로도 자존감을 채워 주는 작품

죄 짓는 언어는 아니지만, 관심사와 필요를 자극하거나, 시선을 자극할 만한 선한 언어들을 습득해야 한다. 관심사와 필요는 어떻게 자극할까? 만약 20-30대라면 일, 사랑, 자존감 등의 관심사를 공유하고 있을 것이다. 그런 결핍을 채워 주는 언어를 구사할 수 있다면 금상첨화이다.

또한 숫자를 이용하면 좋다. 마케팅 기법 중에 뉴메릭 마케팅 (Numeric Marketing)이라는 영역이 있다. 숫자를 통해 브랜드와 상품의 인지도를 높이는 방법이다. 숫자가 글자보다 사람의 심리에 영향을 더욱 많이 끼친다는 연구는 차고 넘친다.

얼마 전, 소셜미디어에 이런 글쓰기 예시가 돌았다. 그것들 중에 기독교 채널(교회 등)에서 사용해도 무방할 만한 예시를 가져와 보았다.

00년 살아 보니 하루라도 빨리 알아야 하는 00가지

한 번 보면 무조건 도움되는 ＿＿＿

＿＿＿ 할 수 있는 가장 쉬운 방법

내가 ＿＿＿ 를 미친듯이 하고 나서 알게 된 00가지

내가 만약 00살로 돌아간다면 무조건 할 00가지

00대가 되어 보니 알게 된 00가지 조언들

00년 동안 일기 매일 써 보니 바뀐 00가지

자산 00원 부자가 말하는 00가지 조언

누구나 지금 바로 ＿ 할 수 있는 방법 00가지

＿＿로 ＿ 할 수 있는 가장 쉬운 방법

하루 00시간 투자하면 향후 00년이 바뀌는 인생 습관 00가지

평범한 내가 ＿ 한 ＿ 방법 00가지

내가 ＿ 한다면 지금 당장 시작할 00가지

부정적인 생각을 바로 없애버리는 00가지 감정

요즘 ＿＿ 하는 사람들은 아는 ＿＿＿ 하는 방법 00가지

하루 00분만 따라해도 ＿ 할 수 있는 방법

이거 하나만 해도 ＿ 가 확 달라집니다

인생을 버티게 만드는 작은 행복 00가지

지금 ＿＿＿ 때문에 힘드신가요? 그렇다면 이렇게 해보세요

누구나 지금 바로 ＿ 할 수 있는 방법 00가지

한 가지 중요한 것은 언어 자체가 죄가 되거나, 죄성을 자극하는 문장, 부정적인 문장을 사용하지 않는 것이다. 예를 들면 사람 안에 있는 두려움을 자극하는 문장들이 그렇다. 두려움을 자극하는 것은 마케팅의 기초적인 방법 중 하나인데, 예를 들어서 이런 문장을 말한다.

"00개월동안 __하고나서 후회하는 것."

"이거 모르면서 __한다고 하지 마세요."

"__하고 싶지 않다면 __는 절대 하지 마세요."

이런 문장들은 부정적이거나, 뒤쳐지고 싶지 않은 사람들의 두려움을 자극하는 문장들이다. 다만 일반 마케팅에서는 이런 문장들로 사람의 두려움을 자극해서 돈을 쓰게 만드는 것을 잘한다고 표현한다. 그런데 나는 우리 크리스천이 이런 세상의 후진 방법을 본받지는 않기를 바란다. 선한 언어로도 충분히 자극적이고, 재미있는 콘텐츠를 만들 수 있다는 것을 보여 주기를 바란다.

| 셋째, 감정 과잉을 이용하라. - 8배의 법칙 |

아까 콘텐츠를 예시로 들면서 예언에 가까운 행동 유도라는 개념을 설명했다. "__필요한 사람 소환하기!" 같은 문장을 써서 댓글로

계정 태그를 유도한다거나 "기독교에 이런 수준 높은 공연이 있다니!" 같은 문장을 통해 구매자가 공연을 봤을 때 해야 할 반응들을 내가 먼저 대신 써주는 것들이 바로 행동 유도이다.

그런데 이 예언에 가까운 행동 유도를 위해서는 글을 쓸 때 표현에서 감정을 과하게 표현할 필요가 있다. 예컨대 '8배의 법칙'을 적용하는 것이다. 8배의 법칙은 대학 시절, 교회 성극 팀에 있을 때 연출자에게 배웠던 법칙인데, 지금도 연극계에서 그러한 법칙을 적용하고 있는지는 모르겠다. 간단히 말하자면, 무대 위에서 약 8배 크게 몸을 움직여야 관객들이 알아본다는 개념이다. 과하게 과장된 몸짓으로 표현해야 관객들은 그 행동을 인식한다. 무대 위에서 팔 다리를 쭉쭉 뻗지 않고, 소심하게 뻗는 무용수가 있다면 어색해 보이는 이유이다. 8배의 법칙을 소셜미디어에 적용해 보면 이렇다.

> 정말 감동적인 뮤지컬!
> → 와ㅠㅠㅠㅠ 진짜 눈물콧물 다 빠졌잖아요ㅠㅠㅠㅠㅠㅠ

이런 식으로 과잉된 감정을 이용하는 것이다. 이 정도는 되어야 사람들이 '어?' 하면서 돌아볼 수 있다.

이때 팁은 예언에 가까운 행동 유도를 접목하는 것이다. 이 콘텐츠를 즐거워 할 팔로워의 반응을 내가 미리 예상해서 감정 과잉을 이

용해 반응해 주는 것이다. 물론, 모든 콘텐츠에 감정과잉을 이용할
수는 없다. 적절히 사용해야 할 톤 앤 매너를 알아야 한다.

| 넷째, 페르소나를 활용하라. |

페르소나에 대해서는 이전 장에서 설명했으니 짧게 언급하고 넘
어가도록 하겠다.

글쓰기에 있어서 페르소나는 포지셔닝에 가깝다. 친구들 중에서
상담 잘해 주는 친구가 따로 있거나, 같이 식사할 때 카드를 잘 내
미는 친구가 따로 있는 경우가 바로 포지셔닝이라고 할 수 있다. 사
람들이 우리(단체)를 어떻게 볼까? 하는 부분이다. '웃긴 거를 제일
잘하는 팀' '따뜻한 글로 위로해 주는 작가' '혁신적인 이미지의 스
타트업' 등의 이미지를 페르소나로 차용할 수 있으면 좋다. 우리 단
체만의 소통맨/소통걸의 페르소나를 따로 만드는 것도 방법이다.

하나의 딱딱한 단체로 보는 것보다는, 그 단체의 마스코트가 운영
하는 듯한 느낌을 주는 것도 사람들이 친근함을 느끼게 하는 방법
이다. 결국 모든 사역과 비즈니스는 타깃을 알고, 나를 포지셔닝하
면 백전불태(百戰不殆)라 할 수 있다.

| 다섯째, 기승전결 중 '전'부터 시작하라. |

나는 이것을 '전결의 법칙'이라고 부른다. 이 법칙은 영화나 소설

등의 플롯 라이팅에 주로 사용되는 기법이다. 이미 넘치는 자극에 중독된 사람들은 서사에 약하다. 중요한 이야기는 최고조의 갈등 단계나 결론에서부터 시작해 보는 것이다.

예를 들어 우리가 드라마 대본을 쓸 때, 주인공이 태어났을 때부터 쓰게 되면 말이 길어진다. 어떤 성장 과정을 거쳐서, 어떤 성격을 갖게 되었는지에 대한 긴 이야기들을 (어지간히 재밌지 않는 한) 사람들은 기다려 주지 않는다. 그렇다면, 드라마 대본 첫 문장을 이렇게 해보면 어떨까?

'나도 몰랐던 친척 할아버지가 돌아가셨다.
그리고 그분의 유산 천억 원이, 내 통장에 입금되었다.'

어떤가, 확 끌리지 않는가? 다짜고짜 가장 자극적인 언어나 본론을 내놓는 것이다. 카드뉴스를 만들 때도, 스토리를 구성할 때도, 기획안을 만들 때도, 중요한 것은 전결부터 시작하는 것이다. 기승전결 중 지루한 기-승을 빼고, 핵심이자 클라이막스인 전-결부터 시작하여 시선을 빼앗는 것이 중요하다.

| 여섯째, 오타는 실수가 아니라 수준이다. |

요즘 카카오톡으로 대화를 해보면, 많은 사람이 오타나 띄어쓰기 실수를 자주 하곤 한다. 개인은 그럴 수 있다. 청와대를 청화대라고

부르거나 뉘앙스를 뉘향스라고 부르는 정도가 아닌 이상에야, 개인적인 대화에서의 오타는 대부분 별로 문제되지 않는다.

하지만 단체인 경우는 다르다. 오타는 해당 단체의 신뢰도를 급속도로 하락시킨다. 오타는 실수가 아니다. 설령 실수였다 하더라도, 그 단체의 수준을 보여 준다. 방송국이나 신문사에서 오타나 띄어쓰기를 생명처럼 여기고 검열하는 이유이다.

그래서 교회친구다모여에서는 모든 워딩을 적으면 무조건 맞춤법 검사기를 사용한다. 인터넷 검색창에 '맞춤법 검사기'라고 검색하면 바로 사용할 수 있다.

그런데 맞춤법 검사기가 100퍼센트 맞지는 않다. 기계적인 맞춤법 검사기이기 때문에, 모니터링, 소리 내서 읽기, 동료에게 읽어 달라고 부탁하기 등을 통해서 오타를 확실히 살펴야 한다. 우리는 실수로 오타를 낼지 모르지만, 팔로워들은 오타로 우리의 수준을 판단하기 때문이다.

| 일곱째, 아는 만큼 적용해라. |

짧게 쓰기, 전결의 법칙, 프로세스 이코노미, 착하지만 자극적인 언어, 골든서클, 스토리 두잉을 적용한 콘텐츠 예시, 여러 가지 법칙을 알았어도 적용하지 못하면 소용이 없다. 교회친구다모여를 통해 올라갔던 콘텐츠를 예시로 들려고 한다. 이 카드뉴스는 교회친

구다모여를 운영하면서 손에 꼽을 정도로 기억에 남는 프로젝트였다.

2023년 12월은 유독 마음이 추운 겨울이었다. 평소처럼 살아가던 나는 목회자의 자살이라는 심장이 멎어 버릴 것만 같은 소식을 접했고, 다시는 이런 일이 일어나지 않았으면 하는 마음에 교회친구다모여를 통해 개척교회 난방비와 식사비를 후원해 달라는 콘텐츠를 올렸다. 과정 중에 가까운 동역자인 햇살콩 선교사 부부에게 도움을 요청했고, 기꺼이 이 일을 함께해 주었다.

선교단체를 경유하기 때문에, 교회친구다모여가 얻을 수 있는 수익은 전혀 없었다. 애초에 통장도 스쳐가지 않고 고스란히 교회들에게 전달되는 프로젝트였다. (선교단체 역시 행정 비용을 받지 않고 한 교회라도 더 돕기로 결단해 주었다.)

그리고 한 달 만에 큰돈이 모였다. 무려 188개의 교회에 30만 원의 난방비와 식사비를 지원할 수 있게 된 것이다. 이 카드뉴스는 그 사역에 대한 사역 보고의 성격을 가진 것이었다. 카드뉴스의 워딩은 다음과 같다.

1. 일주일 동안 5,713만 원이 모였습니다.

2. 그리고 188개의 작은 교회에 이 금액을 모두 나누어 드렸습니다.

3. 이 가운데 총 838명의 후원자가 함께해 주셨습니다.

4. 여러분이 지원하게 된 188개의 교회 중에는 80세가 넘는 집사님 한 분의 '헌금을 못해서 죄송하지만 교회 문은 닫지 말아 주세요'라는 요청에 차마 교회 문을 닫지 못하는 교회도 있었고,

   냄새가 많은 조립식 판넬 건물에 한파에 수도가 얼고 터졌음에도, 수리비가 없어 급한 대로 빌려서 고쳐 예배하는 교회도 있었고,

   코로나 시기 암 투병을 하면서도 주님이 허락하지 않았다는 이유 하나만으로 그만두지 못하고 두세 명의 성도와 예배드리는 교회도 있었습니다.
   이 모든 사연을 하나씩 읽을 때마다 고개가 숙여지고, 어쩔 때는 편한 환경에서 예배하는 것이 죄송해지고,

5. 또한 그 분들 안에서 선명히 불타오르고 있는 성령님을 발견하기도 합니다.

6. 또한, 특별히 도와주시기 로한 선교단체에서 5퍼센트의 행정비도 특별헌금으로 분류해 떼지 않기로 결정해 주셨답니다. 이로써 이체 수수료만 빼면 100퍼센트 모든 금액이 고스란히 교회에 돌아갈 수 있게 되었습니다.

7. 우리는 교회친구다모여 × 햇살콩의 개척교회 난방비 지원 프로
  젝트에 마음으로 함께해 주신 모든 분들께 이렇게 보고를 마치
  려 합니다.

8. 재정으로, 기도로 옷을 찢는 마음으로 함께해 주셨던 여러분.
  한국 교회를 지탱하는 작은 지지대가 되어 주셔서 감사합니다.

9. 세상이 당신을 모른다 하여도 교회는 여러분의 마음을 가슴에
  새겼을 것입니다.

10. 하나님이 금액 이상의 가치로, 기도 이상의 응답으로,
  모든 교회들의 마음에 불을 지펴
  이 영적 겨울을 따뜻하게 지내게 해주시리라 믿으며.

_교회친구다모여 드림

첫번째 페이지에 주목해 보면, 다짜고짜 5,713만원에 대한 짧은 글
이 먼저 나와 시선을 끈다. 이게 뭐지? 하면서 다음 장으로 넘기게
하기 위한 전결의 법칙이다. 줄 글보다 자극적인 숫자를 통해 시선
을 사로잡은 것도 하나의 선하지만 자극적인 전략이었다. 이후로
는 프로세스 이코노미와 스토리 두잉이 들어가 있다. 이미 프로젝
트의 사역보고 형식의 콘텐츠였기 때문에, 과정에 대한 이야기를
할 수밖에 없는 상황이기도 했다. 그리고 전 콘텐츠와의 맥락 상에,
우리가 이 일을 왜 하는가?(Why)에 대한 강력한 동기부여가 있었
다. 바로 그 안타까운 사건이었다.

이 프로젝트는 일주일 만에 엄청난 반향과 기사들을 불러일으키면서 188개의 교회를 돕는 선한 결과를 일으켰지만, 어두운 면들도 없지 않았다. 전혀 사실이 아니고, 해당 목회자를 익명으로 처리했음에도 '돈 벌려고 감성팔이한다' '목회자의 자살을 들추다니 덕이 되지 않는다'는 항의와 악성 댓글들이 달렸다. (악성 댓글은 전체의 약 3퍼센트정도였지만, 체감상 칭찬의 열 배 이상의 상처를 준다.) 함께 사역했던 햇살콩의 김나단 선교사님이 "도움받을 교회만 생각하자"라고 말해 주지 않았다면, 수도 없이 마음이 무너질 뻔했다.

하지만 이 사역을 진행했던 것을 후회하지는 않는다. 나에게 이 사건은 선한 일에도 반대가 있고, 그 반대도 누군가의 입장에는 타당할 수 있다는 것을, 그럼에도 선한 일을 하는 것을 멈추지 않아야 한다는 것을 알려준 사건이었다.

지금도 나는 누군가의 장례식 속에 사는 것 같은 착각을 느낀다. 매일 2023년 12월이 반복되지 않을 수 있는 방법을 생각한다. 이 영적 겨울을, 몸 된 교회가 함께 날 수 있는 방법이 없을지에 대한 아이디어를 위해 몸부림치고 있다.

이처럼 한 번의 콘텐츠(글쓰기)에는 많은 이야기가 들어가 있다. 일필휘지(一筆揮之 : 한번에 줄기차게 써 내림)란 것은 없다. 시간이 허락하는 한 계속해서 퇴고(수정)하는 것만이 답이다. 그 과정 속에서 더욱 나를 알아 가야 하고, 타깃을 알아 가야 한다. 주는 입장에서 생각하지 말고, 계속해서 읽는 입장에서 생각하며 환기시켜야 한다.

누군가에게는 찰나로 소비되고, 몇 주 뜨지도 못하는 콘텐츠일 수 있지만, 콘텐츠를 만드는 크리에이터 만큼은 하나 하나에 신경을 쓰고 작전을 세워야 한다. 그렇게 세월이 쌓이면 그것이 브랜드가 된다. 개인이라면 퍼스널 브랜딩이 될 것이고, 단체라면 우리 단체의 팬덤이 점점 생겨나는 것을 느낄 수 있을 것이다.

06

중독과 선한 영향력, 그 사이에서

영성 훈련은 차단훈련이다

개인적으로 알고 있는 20대의 한 청년 이야기를 하고 싶다. 필리핀 선교사 자녀인 이 청년은 서울에 있는 최고의 명문대학교를 졸업할 예정이고, 의사가 되기 위해 공부하고 있다. 그런데 이 청년에게는 특별한 과거가 있다. 처음엔 복음을 부끄러워했다. 그런데 살아계신 하나님을 만났고, 하나님의 뜻이라고 생각해 캠퍼스 노방 전도 훈련이라는 것을 받았다고 했다. 훈련이라고 해서 특별한 것은 없었다. 우리가 아는 바로 그런 노방 전도 훈련이었다.

"안녕하세요. 기독학생회입니다. 복음을 전하고 싶습니다."

이렇게 말을 걸고 다니면 90퍼센트의 대학생들은 무시하거나 욕을 해왔다고 한다. 그렇게 거절을 받으며 복음을 전하던 중, 이 청년에게 하나님의 긍휼하심이 들어오게 되었다.

'저 사람도 복음을 들어야지 않나?
정말 생명을 얻어야하지 않나?'

그때부터 이 청년의 인생이 바뀌게 되었다. 훈련을 열심히 받았고, 복음을 전하기 시작했다. 모르는 사람에게 복음을 전했고, 눈을 떠보니까 과 선배, 후배, 동기에게 복음을 전하고 있었다.

군입대도 이 청년을 막을 수는 없었다. 훈련소에 사영리를 기반한 전도지를 한 움큼 가져갔다. 어떻게 되었을까? 훈련소에 있는 모든 동기에게 복음을 전했다. 그리고 그 가운데 네 명이 예수님을 영접하게 되었다. 정말 놀라운 일이지 않은가?

자대 배치를 받고서도, 선임과 후임에게 복음을 전하고 성경공부를 했고, 심지어는 30여 명의 간부에게까지 복음을 전했다. 캠퍼스에 돌아와서도 노방전도를 멈추지 않았다. 한 학기에 103명에게까지 복음을 전했고, 열여섯 명이 예수님을 영접했으며, 일곱 명이 성경공부를 시작했다. 그중에 한 명은 같이 노방전도를 다니는 동역자가 되었다.

"진짜 됐어요. 너무 놀랍지 않나요?"

이 청년이 들떠서 간증하는 목소리가 지금도 들리는 듯하다. 2023년 대학수학능력시험 날 저녁, 약 6천 명의 크리스천 고등학생들이 모인 가운데 했던 15분짜리 짧은 간증이었다. 주최 측이 보내 준 간증 영상을 본 나는 진심으로 이 청년의 정체가 궁금했다.

'이 사람은 도대체 뭐가 달라서 이렇게 초인처럼 살 수 있는 거지?'

공부를 안 하는 것도 아니다. 의대 공부는 물론 매주 자신이 호스트가 되어 선후배들을 모아서 성경 공부도 하고 있다. 그뿐인가 일주일에 한 번 꾸준히 노방전도도 다니며 열매를 맺고 있다. 교우관계가 안 좋은 것도 아니다. 너무나 서글서글하고, 오를 만한 언덕과 같은 성격을 가진 청년이었다. 함께 있으면 편안하다는 느낌을 주는 인상까지 가졌다. 내가 알기로, 교회 생활도 열심히 해왔다.

나는 이 청년을 실제로 만나 보기로 했다. 한 목사님의 소개로, 학교 앞 교회의 카페에서 만난 이 청년은 너무나 밝고 예의 바른 모습이었다. 한두 시간 정도 대화를 나누던 나는 본론을 꺼냈다.

"나는 학생 같은 사람이 100만 명 있으면 좋겠다고 생각합니다.
도대체 당신 같은 사람은 어떻게 만들어지는 겁니까?"

이 청년에게도 처음 들어보는 당황스러운 질문일 것 같았다. 청년은 조금 생각하더니 이렇게 답해 주었다.

"생각해 보니, 제가 '차단'을 잘한 것 같습니다."

이 청년은 현역 필리핀 선교사님의 자녀이다 보니 서울에 집이 없었다. 그래서 교회에서 마련한 기숙사에서 형들과 함께 공동생활을 하고 있다고 했다.

"교회 형들이랑 같이 살다 보니, 유행하는 게임이나
영화 같은 것들도 접할 수 있는 환경 자체가 아니었어요."

그렇다고 이 청년이 완전히 수도승처럼 사는 것도 아니었다. 저녁에는 친구도 만나고, 형들이랑은 축구도 하고, 여자 친구도 사귀고, 소셜미디어도 잘 사용하고 있었다. 완전히 세상에서 떠난 것도 아니지만, 세상의 나쁜 영향력에 대해서는 단호히 차단할 수 있는 환경을 가진 것이다. 이것이 그때 정말로 중요한 사실을 깨달았다.

'아, 영성 훈련은 차단 훈련에 가깝구나!'

선한 영향력은 받고, 나쁜 영향력은 거절하려면? 선한 영향력을 주고, 나쁜 영향력을 삼가려면? 그것은 어떻게 차단하느냐에 달려 있다. 또 어떻게 차단할 수 있는 환경을 만드느냐에 달려 있다. 나쁜 영향력은 차단하고, 좋은 영향력은 끊임없이 내보낼 수 있는 환경을 만들어야 한다.

소셜미디어에 대한 분별과, 중독에 대한 이야기를 하기 전에, 이 전도왕 청년에 대한 이야기를 꼭 하고 싶었다. 결국 우리는 잘 차단할 수 있고, 잘 흘려보낼 수 있는 환경을 만드는 것이 중요하다. 혼자서는 감당할 수 없는 어마어마한 자극들 앞에서, 무방비 상태로 정신력 하나로 절제할 수 있는 인간은 도무지 존재하기가 어렵다.

그것이 선한 것과 삿된 것을 분별하고, 중독으로 휩쓸려 가지 않을 수 있는 가장 중요한 원리일 것이다.

중요한 것은 메시지를 전하는 삶을 사는 것

이 책을 쓰기로 마음먹었을 때 가장 고민되었던 것은 바로 '중독' 과 '소셜미디어는 과연 선한가?'에 관한 문제였다. 소셜미디어 사 역자로서 나는 스마트폰과 소셜미디어를 옹호해야 할지, 아니면 하지 말자고 해야 할지, 양심을 도마 위에 올려놓고 얼마나 고민했 는지 모른다. 그러나 하나님께 내가 얻은 지혜는 이것이었다.

> "소셜미디어가 중요한 것이 아니다.
> 중요한 것은 메시지를 전하는 삶이다."

나는 이것을 이 책을 관통하는 주제로 삼고자 했다. 소셜미디어를 이용해도 되고, 교회 앞에 엑스 배너를 이용해도 된다. 그것도 아니 면 직접 발로 뛰며, 사람들을 만나며 복음으로 사는 삶이 얼마나 좋 은 것인지 증명해도 된다. 메시지를 가지고 영향력을 끼치는 사람

(influencer)로 사는 것이 중요하다.

그러면 소셜미디어를 어떻게 바라봐야 할까?

리처드 포스터(Richard Foster) 목사는 《돈, 섹스, 권력》에서, 이 세 가지가 예수의 제자로 살아가는 데 있어서 얼마나 큰 도전인지 이야기했다. 그는 "돈이 우리의 호주머니를 공격하고, 성이 우리의 침실을 공격한다면, 권력은 우리의 관계를 공격한다"라고 말했다.

이 중에서 소셜미디어는 권력과 특별한 관계가 있다. 권력이란 곧 영향력이며, 영향력은 관계를 매개로 이루어지는 비공식적이고도 무형적인 힘이기에, 사람과 사람과의 관계를 상품으로하는 소셜미디어가 관계가 없을 수가 없다.

권력이 원하는 것이 무엇인가? 창조된 것 이상의 존재, 즉 신이 되게 하는 것이다. 소셜미디어에서 우리가 원하는 것이 무엇인가? 우리가 가진 것보다 더 있어 보이는 것, 그리고 내가 받을 수 있고 감당할 수 있는 관심보다 더욱더 많은 관심을 받는 것이다.

결국, 우리는 권력(영향력, 관심)을 위해 소셜미디어를 이용하고 있는 것이나 다름이 없다. 물론 재미있는 콘텐츠를 소비하기 위해 소셜미디어를 이용하고 있을 수도 있다. 그러나 누군가에게는 그 콘텐츠조차도 권력을 가지기 위한 수단일 수 있다.

국내 소셜미디어 사역의 1세대인 박요한 목사(혜윰교회 담임, 한국 예스히이즈 대표)는 벌써 10년이 넘는 세월 간 본 사역을 해 온 소셜미디어 사역자들의 멘토이다. 나 역시 후배 된 사람으로서 목사님을 존경하는데, 그가 개인적인 대화에서 이런 말을 한 적이 있다.

> "인간이 비이상적으로 과한 관심을 받으면 고장 날 수밖에 없는 것 같아. 하나님이 인간을 창조하실 때, 신적 직위와 관심에 둘러 싸이는 존재가 되도록 만드신 게 아니니까. 연예인도, 사역자도 마음의 병에 걸리는 이유 중 하나가 그런 거고."

관심과 영향력으로 돌아가는 소셜미디어 사역을 10년 넘게 해 오며, 수없이 많은 사역자와 사역 단체들의 흥망성쇠를 봐 온 사람의 증언이다. 나 역시 수많은 떠오르는 스타들과, 신앙과 신념을 잃기까지 한 기독교 인플루언서들을 봐 왔다. 너무나 공감이 가는 말이다.

안 좋은 점을 보면, 확실히 권력은 독이 된다. 소셜미디어는 그 독을 더 잘 삼킬 수 있도록 운반해 주는 매개체이자, 온갖 마약 및 독

극물의 온상일 수도 있다. 알렉스 퍼거슨 축구 감독이 "SNS는 인생의 낭비다"라고 했던 말도 이해가 된다.

그런데 리처드 포스터 목사는 이 세속적으로 보이는 돈, 섹스, 권력이 사실은 세속적이지 않다고 말한다. 세 가지 모두 오용하고 남용하였을 때가 죄이지, 본질적으로는 우리가 올바른 관계를 맺고 살아야 하는 성스러운 것이라는 말이다.

모든 것에는 어두운 면과 밝은 면이 있다. 돈을 따라갈 때는 우상이 되지만, 성경에는 물질로 축복을 받거나 교회에 유익을 준 사례들이 쏟아져 나오는 것처럼 말이다. 성에 중독되면 인생이 망가지지만, 성경은 인간의 성이 매우 큰 축복이라고 말하는 것처럼 말이다.

우리가 오늘날의 권력을 상징하는 소셜미디어를 바라보는 것도 이와 다르지 않다고 생각한다. 원시인의 손에 쥐어진 불과 같은 이 소셜미디어에서 나온 힘을 우리는 어떻게 이용할 것인가? 어떻게 오남용하지 않을 것인가?

주어진 영향력을 유익하게, 창조적으로 이용해야 한다. 영향력을 만드시고, 맡기신 분에게 합당하도록 이용해야 한다. 이것은 특정 사역자들에게만 해당하는 부르심이 아니다. 각자의 자리에서 믿는 우리는 모두 이 힘을 다루는 방법을 알아야 한다.

왜 중독에 걸리는가

| 공허함 |

요즘 청년들의 삶의 단면을 보면, 집에서 TV를 켜둔 채로 스마트폰으로 인스타그램이나 게임 등을 하고 있는 웃지 못할 상황들을 쉽게 볼 수 있다. 또 지하철을 타 보라. 거의 모두가 스마트폰을 쳐다보고 있다. 왜 사람들이 TV소리를 배경음악처럼 켜둔 채 스마트폰을 들여다보는, 이해 못 할 짓을 하는 걸까? 어째서 지하철 이용객의 대부분은 스마트폰을 손에서 떼놓지 못하는 걸까? 그것은 우리가 빈틈을 견디지 못하기 때문이다. 다른 말로는 사람들이 기독교가 그토록 이야기하고 있는 공허함을 해결하지 못했기 때문이다.

문제는 보고 있는 동안 채워지는 것 같다고 착각한다는 것이다. 그런데 그 착각이 얼마나 갈까? 음식은 더 먹을 수 없는 순간이 온다. 그러나 소셜미디어는 그런 순간이 오지 않는다. 15초에 한 번 지나가는 영상을 몇 시간씩 보고 있어도, 시간 가는 줄 모르고 그 자극에 몸을 맡기고 있다. 이 사실이 증명하는 것이 무엇일까? 재미나 관심을 위해 소셜미디어에 의존해 봤자, 절대로 우리 안의 공허함은 채울 수 없을 것이라는 말이다.

| 소셜미디어 회사들의 경쟁 |

도파민이라는 단어를 요즘은 어디서나 들을 수 있다. 소셜미디어와 짝꿍처럼 붙어 다니는 단어이다. 도파민은 기분 좋은 행동을 하면 오는 신경 호르몬 물질인데, 요점은 자극이라는 단어와 치환하여도 사용하는 데 아무런 지장이 없다는 것이다.

소셜미디어 회사들은 너나 할 것 없이 더욱 빠르게, 큰 자극을 줄 수 있는 플랫폼을 경쟁적으로 출시하고 있다.

초기 페이스북은 뉴스피드(텍스트) 중심이었다. 물론 페이스북에도 사진과 영상 기능이 추가되기는 했지만, 이후에 등장한 인스타그램은 페이스북보다 더욱 자극적인 사진 중심의 플랫폼이었다. 트위터와 왓츠앱(WhatsApp)은 어떠한가? 더 짧고 자극적이다. 트위터는 280자 이내로 자신을 표현해야 하는 텍스트형 숏폼의 시작이었다. (현재는 최대 1만 자) 왓츠앱의 스토리는 15초 정도만 열람되고 자동으로 넘어가는 이미지형 숏폼의 시작이라고 볼 수 있다.

틱톡은 이 경쟁의 끝판왕이다. 15초 이내의 비주얼 중심의 동영상 플랫폼. 어떻게 가장 큰 자극을 가장 짧은 시간 내에 주는지에 대한 경쟁을 마지막의 마지막까지 끌고 간 것이 틱톡이다. 틱톡이 나오자, 유튜브와 인스타그램은 본능적으로 생존의 위협을 느꼈을 것이다. 이것이 유튜브의 쇼츠나, 인스타그램의 릴스가 (기능에 거의 차이가 없음에도) 경쟁적으로 등장한 배경이다.

이 소셜미디어 회사들의 사명은 단 하나다.

1초라도 더 길게 우리 플랫폼에 머무르게 하는 것.

몇 년 전부터 페이스북은 플랫폼에서 나가게 하는 외부 사이트 링크가 들어 있는 게시물의 도달을 의도적으로 낮추고 있다. 인스타그램은 애초에 게시물에 링크가 활성화가 안 되도록 만들었다. 이 공룡과도 같은 거대자본들의 경쟁에 이용자들 등이 다 터지고 있다. 배길 재간이 없이 소셜미디어에 시간을 오롯이 빼앗겨 버리고 만다.

| 알고리즘의 늪 |

몇 년 전 페이스북에서는 다음과 같은 그림을 발표했다.

몰입도는 콘텐츠의 자극이 커지면 커질수록 올라간다. 그 자극이 금지된 콘텐츠에 가까우면 가까울수록 몰입도는 한도 끝도 없이 높아진다.

요컨대 선정적인데, 제재를 받을 정도로 선정적이지 않은 것. 폭력적인데, 제재를 받을 정도까지 폭력적이지는 않은 것. 이러한 금지된 콘텐츠의 경계선에 위치한 콘텐츠들의 몰입도가 높다는 것이다.

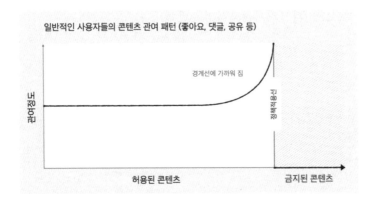

일반적인 사용자들의 콘텐츠 관여 패턴 (좋아요, 댓글, 공유 등)

경계선에 가까워 짐

관여정도

정책적용선

허용된 콘텐츠   금지된 콘텐츠

페이스북이 발표한 도달 알고리즘 그림

소셜미디어 회사들의 사명이 1초라도 더 길게 우리 플랫폼에 머물게 하는 것이라고 했다. 그러므로 소셜미디어의 알고리즘은 자연스럽게 자극적인 콘텐츠를 향하게 되어 있다. (완전히 제재되지는 않을 정도의) 큰 자극을 주면 줄수록 몰입도가 높아지며, 플랫폼에 머무는 시간이 늘어나기 때문이다.

'확증편향(確證偏向, Confirmation bias)'이라는 말이 있다. 자신의 가치관이나 기존의 신념 혹은 판단 따위와 부합하는 정보에만 주목하고 그 외의 정보는 무시하는 사고방식과 태도를 말한다. 유튜브와 인스타그램과 같은 소셜미디어는 이 확증편향을 만들어 주는 기계이다. 알고리즘을 따라가다 보면 계속해서 확증편향에 빠져 있을 수밖에 없도록 그 신념과 부합하는 콘텐츠를 자극적으로 제공하기 때문이다.

계속해서 더 자극적이고 쇼킹한 것들을 보여 준다. 이러한 알고리즘에 수없이 많은 사람이 포로가 되어 있다. 계속 가다 보면 놀라운 것을 보아도 놀라지 않고, 감동적인 것을 보아도 감동받지 않는, 큰 자극에만 반응하는 불감형 인간이 되어 버릴 수 있다.

조금의 관심밖에 주지 않았는데, 유튜브나 인스타그램 알고리즘이 특정 주제만을 계속해서 보여 주는 경우를 본 적 있을 것이다. 만약 이때 반응한다면, 알고리즘은 계속해서 일을 하며 그 다음에는 어떤 영상을 봐야 더 오래 잡아둘 수 있을지에 대한 답을 제안할 것이다.

2023년 메타(Meta)는 미국의 50개 주 중 41개 주와 컬럼비아 특별구의 주정부들로부터 집단소송을 당했는데, 그 소송의 사유가 바로 알고리즘이다. 메타가 알고리즘을 통해 아이들의 정신 및 육체 건강을 짓밟고 있다는 것이다. 알고리즘이 얼마나 무서운 중독의 적인지 알려 주는 대목이다.

중독, 어떻게 대처할까

| 유아의 중독-차단할 수 있는 환경 만들기 |

얼마 전 아주대병원 정신건강의학과 연구팀은 아이의 자기조절력과 관련 있는 인내심이 유튜브 사용량과 상관이 있다는 연구를 내놓았다.[*]

주목할 만한 내용은 5-8세 때 인내심이 낮은 아이일수록 유튜브 사용 시간이 길었다는 점이다. 이러한 연구 결과가 없더라도, 지금 아이를 키우고 있는 부모라면 유튜브가 얼마나 파괴적인 미디어인지를 누구보다 잘 알고 있으리라 확신한다.

다른 일엔 10분도 집중하지 못하는 아이들이 유튜브는 한 시간, 두 시간씩 보고 있는 모습은 꽤 흔한 일이다. 그래서 부모들은 어쩔 수 없이 아이들에게 유튜브를 보여 준다. 그러나 여기에 함정이 있다. 아이들은 집중하고 있는 것이 아니라, 집중력을 빼앗기고 있는 중인 것이다.

영유아들의 케이스를 보다 보면 실제로 유튜브 시청을 제한하지 않는 가정의 아이가, 그렇지 않은 아이들에 비해 언어습득이나 사

---

[*] SBS 뉴스 원본 링크: https://news.sbs.co.kr/news/endPage.do?news_id=N1007698176&plink=COPYPASTE&cooper=SBSNEWSEND

고발달이 느리다는 것을 알 수 있다. 이것을 의학적 용어로 '유아 비디오 증후군'이라고 부른다.

인내심이 부족하다는 것은 일을 해낼 수 있게 하는 끈기와 생각하는 힘이 부족하다는 의미다. 좋아하는 영상이 자동 추천되는 유튜브 알고리즘에 익숙해진 아이들은 생각하기를 멈춘다. 빠르게 원하는 것이 나오지 않으면 울어 버리고, 조금이라도 깊은 사고를 요하는 문제풀이가 있다면 쉽게 포기해 버리고 만다. 이러한 기질이 학습 능력까지 영향을 미치는 것이다. 미국소아과학회(AAP)에서는 만 2세 미만 아이의 TV와 비디오 시청 금지를 권고한 적이 있다.

크리스천 부모들을 만나다 보면 아이들을 조용히 시켜야 하기 때문에 예배나 모임에서 어쩔 수 없이 영상물을 보여 주는 상황들이 더러 생기곤 한다. 진심으로 이야기하고 싶다. 어렸을 때는, 최대한 보여 줄 수밖에 없을 때까지 보여 주지 않는 것이 가장 상책이다. 환경을 차단하는 것만큼 아이를 지켜킬 수 있는 방법이 없다.

다니엘서 1장 8절에서, 다니엘이 뜻을 정했다고 했다. 왕의 음식과 그가 마시는 포도주를 차단하겠다는 뜻이다. 학령기 이전의 아이들은 부모가 뜻을 정해 주는 수밖에 없다. 뜻을 정하고, 다니엘이 환관장에게 구해 환경을 만든 것처럼, 아이들이 스마트폰과 미디어를 차단할 수 있는 환경을 만들어 주어야 한다.

2024년 현재, 우리나라 초등학생 스마트폰 보유율은 93.9퍼센트에 육박한다고 한다. 거의 다 가지고 있는 셈이다. 스마트폰을 가지고 있어도 미디어 소비를 제한할 수 있는 여러 솔루션이 시중에 나와 있으나, 솔직히 말해서 전부 막을 수는 없다.

아이들은 스마트폰, 소셜미디어, 게임 등에 눈을 뜬다. 지금까지 잘 막고 있었어도, 친구들 사이에서 돌기 시작하면 들불처럼 전염되기 시작한다. 이제는 피할 수가 없다.

우리 아이들은(어른들과 같이) 평생을 걸쳐 AI가 만들어 낸 알고리즘의 유혹 속에 살아가야만 할 것이다. 추천된 영상을 보고, 추천된 물건을 사게 될 것이다. 그 가운데서 살아남으려면, 방법은 주체성과 대항력을 키우는 수밖에는 없다.

첫 번째 방법은 보상이다. 부모는 소셜미디어, 게임 등과 보상을 두고 경쟁해야 한다. 소셜미디어, 게임이 주는 보상은 짧고 강력하다. 소셜미디어는 원래 받을 수 없는 자극들을 영상을 통해 강하게 주기도 하고, 게임은 레벨 업이나 성장 등을 숫자로 볼 수 있게 해준다. 학습의 성과는 눈으로 보이지 않지만, 게임의 성과는 눈으로 보이면서도 짧은 시간에 부쩍 올라가는 자극을 준다. 옛날에는 부모의 칭찬 같은 것이 아이들에게 주는 최고의 자극이자 동기부여가 될 수 있었지만, 이제는 그것보다 짜릿한 자극들이 온라인에 넘치고 있다.

부모는 아이들에게 보상을 줘야 한다. 짧은 시간 해낼 수 있는 과제와 보상일 수록 좋다. 단계적으로 성장하며 보상을 느낄 수 있도록, 가정에서 보상에 대한 알고리즘을 부모가 만들어 줄 수 있으면 좋다.

릴스 알고리즘을 타고 유행했던 육아법 중에 이런 것이 있다.

> "남자아이들은 도전적인 것을 좋아한다. '쓰레기 버려 줄래?'가 아니라 '너 이거 몇 초 만에 버리고 올 수 있어?'에 아이들은 환장한다."

실제로 시켜 보면 아이들의 눈빛이 달라짐을 알 수 있다. 이런 상황에서 아이들에게 짧고 적절한 보상을 줄 수 있는 것. 그것이 아이들의 주체성과 대항력을 키워 주는 첫 번째 방법이다.

두 번째 방법은 콘텐츠에 대해 대화하는 습관이다. 무작정 하지 말라고 하는 것이 아니다. 오히려 반발심과 하지 못해서 생기는 자격지심만 생기게 된다. 무작정 하지 말라고 하면 기회가 있으면 더 하게 될 아이를 만들게 된다. 그래서 콘텐츠에 대해 대화하는 습관이 필요하다.

"이번에 올라온 그 유튜버 영상 봤니? 웃기기는 한데 친구들한테 그렇게 말하는 건 좀 아니다. 그치?"

"아빠도 그 게임 해 봤는데, 질 때마다 화가 나는 것 같았어. 화 내지 않고 할 수 있는 방법 없을까? 하나님이 싫어하실 것 같아."

아직 부모는 아이들의 거울이자, 가장 먼저 모방해야 할 상대이다. 부모의 콘텐츠에 대한 진심 어린 평가가 아이들에게 가장 큰 영향을 미친다. 그리고 그런 부모의 기준이 아이들이 콘텐츠를 소비하고 판단하는데 큰 기준이 된다. 말하자면, 부모가 아이들의 알고리즘 면역력을 형성해 주는 것이다.

세 번째 방법은 관계 설정이다.

> 그들이 그 날 바람이 불 때 동산에 거니시는 여호와 하나님의 소리를 듣고 아담과 그의 아내가 여호와 하나님의 낯을 피하여 동산 나무 사이에 숨은지라 여호와 하나님이 아담을 부르시며 그에게 이르시되 네가 어디 있느냐 | 창 3:8-9

죄를 범한 아담이 숨었다. 그런 아담을 하나님이 찾으신다. 죄를 범하면 어떻게 되는가? 하나님과의 관계가 단절된다. 하나님에게서 숨으려고 한다. 죄에 빠진 크리스천들의 첫 번째 증상이 딱 이렇다.

그래서 교회 공동체에 죽어라 나오기 싫어하는 것이다.

하나님과의 관계에 실패하면 죄를 짓는다. 바꾸어 말하면, 하나님과의 관계 실패는 곧 죄이다. 성경에 중독이라는 개념이 명시되어 있는 부분은 없다. 하지만 성경에 비추어 중독을 이해해 본다면, 우리는 모든 죄가 중독성을 가지고 있다는 사실을 깨달을 수 있다. 죄는 우리를 하나님에게서 멀리 떨어지게 만들고, 중독은 우리를 그런 죄의 노예가 되게 한다.

> 모든 것이 내게 가하나 다 유익한 것이 아니요 모든 것이 내게 가하나 내가 무엇에든지 얽매이지 아니하리라 | 고전 6:12

고린도전서 6장 12절은 중독에 대해서 이야기할 때 빠지지 않는 구절 중 하나이다. 중독이 우리를 얽매는 것임을, 반드시 하나님과 멀어지게 하는 죄로 연결됨을 잊지 말아야 한다.

그래서 크리스천이라면 중독을 영적으로, 성경적으로 이해해 보는 과정도 빠트려선 안 된다. 죄와 중독의 문제는 내가 지금 하나님 안에 존재하고 있는지에 대한 가장 실제적인 문제이기 때문이다. 창세기 3장 9절에서 말씀하시는 "네가 어디 있느냐"가 정말 어디 있는지 몰라서 물어보시는 것은 아닐 것이다. "너 지금 내 안에서 빠르게 멀어지고 있어"라는 하나님의 경고이자, 양을 찾는 간절한 호소라고 보는 것이 타당할 것이다.

이런 사실들로 미루어볼 때, 중독을 예방하고 해결할 수 있는 가장 근본적인 해결책은 바로 하나님과의 관계 설정을 제대로 하는 것이다. 사이 좋은 부부에게는 제3자가 낄 자리가 없는 것처럼, 하나님과 관계가 좋으면 다른 요소들이 감히 낄 틈이 없다.

나는 6대째 크리스천 집안에서 태어났지만 스무 살까지 인격적인 하나님을 만나지 못하고 방황했다. 하나님을 만나기 직전까지 나는 심각한 게임 중독과 카페인 중독에 시달리고 있었다. 일주일에도 며칠씩 밤을 새웠고, 일상생활이 어려울 정도로 몰두하는 일이 허다했다. 병적으로 각성 상태를 유지하려는 모습까지 있었다.

오죽하면 하나님을 만나기 직전, 자취방에 심방을 왔던 전도사님과 리더가 내가 방 구석에 쌓아 놨던 내 키만한 빈 캔커피 깡통 탑을 보고 몇 년간 그것을 가지고 놀렸을까.

그런 내가 하나님을 만나자, 놀랍게도 가장 먼저 게임과 캔커피가 끊어졌다. 지금은 커피를 즐기지만, 내가 빈 깡통으로 내 키만큼 쌓아 놨던 그 커피 브랜드만큼은 거의 입에도 대지 않을 정도가 되었다. 오히려 역함도 느껴진다.

이외에도 하나님을 만났더니 담배나 술에서 벗어났다거나 혹은 마약 중독에서 벗어났다는 간증들은 허다하다. 이 모든 사례가 말하는 것은 하나이다. 그것들보다 가까이할 만한 관계를 가졌기 때문이 아닌가!

> 너희는 여호와의 선하심을 맛보아 알지어다
> 그에게 피하는 자는 복이 있도다 | 시 34:8

하나님과의 진정한 관계를 맛봐서 아는 사람은 중독되지 않는다. 그러나 맛본 지가 오래된 사람들이 죄와 중독에 빠지는 경우는 있는 것 같다. 만약에 내가 지금 중독에 빠져 있지 않더라도 하나님의 은혜와 사랑이 나에게 옛날 일이라면, 지금 "다시 만나 주소서"라고 기도해야 할지 모른다. 죄와 중독이 삼킬지 모르는 가장 위험한 상태일 수 있다.

아래는 중독에 빠져 있거나, 끊어지지 않는 죄의 노예가 된 상태에서 벗어날 때 묵상하면 좋은 성경 구절이다. 소리 내서 읽거나, 혹은 보이는 곳에 붙여 놓아도 좋다. 예수님이 우리에게 오신 이유가 자유함이지 얽매임이 아니라는 것을 모두가 알았으면 좋겠다.

> 진리를 알지니 진리가 너희를 자유롭게 하리라 | 요 8:32

예수께서 대답하시되 진실로 진실로 너희에게 이르노니 죄를 범하는 자마다 죄의 종이라 종은 영원히 집에 거하지 못하되 아들은 영원히 거하나니 그러므로 아들이 너희를 자유롭게 하면 너희가 참으로 자유로우리라 | 요 8:34-36

우리가 알거니와 우리의 옛 사람이 예수와 함께 십자가에 못 박힌 것은 죄의 몸이 죽어 다시는 우리가 죄에게 종 노릇 하지 아니하려 함이니 이는 죽은 자가 죄에서 벗어나 의롭다 하심을 얻었음이라 | 롬 6:6-7

그러므로 너희는 죄가 너희 죽을 몸을 지배하지 못하게 하여 몸의 사욕에 순종하지 말고 또한 너희 지체를 불의의 무기로 죄에게 내주지 말고 오직 너희 자신을 죽은 자 가운데서 다시 살아난 자 같이 하나님께 드리며 너희 지체를 의의 무기로 하나님께 드리라 죄가 너희를 주장하지 못하리니 이는 너희가 법 아래에 있지 아니하고 은혜 아래에 있음이라 | 롬 6:12-14

죄로부터 해방되어 의에게 종이 되었느니라 너희 육신이 연약하므로 내가 사람의 예대로 말하노니 전에 너희가 너희 지체를 부정과 불법에 내주어 불법에 이른 것 같이 이제는 너희 지체를 의에게 종으로 내주어 거룩함에 이르라 | 롬 6:18-19

그러므로 우리는 긍휼하심을 받고 때를 따라 돕는 은혜를 얻기 위하여 은혜의 보좌 앞에 담대히 나아갈 것이니라 | 히 4:16

여호와께서는 자기에게 간구하는 모든 자 곧 진실하게 간구하는 모든 자에게 가까이 하시는도다 그는 자기를 경외하는 자들의 소원을 이루시며 또 그들의 부르짖음을 들으사 구원하시리로다 | 시145:18-19

예수께서 그들을 보시며 이르시되 사람으로는 할 수 없으되 하나님으로는 그렇지 아니하니 하나님으로서는 다 하실 수 있느니라 | 막 10:27

스마트폰 중독, 소셜미디어 중독에서 벗어나, 그것들을 올바른 메시지를 전하는 데 이용할 수 있는 사람이 많아지길 바란다. 이제는 자유롭고 매력적인 크리스천이 세상과 또 다른 땅끝인 온라인이라는 매체로 나설 때이다!

나가며

풍성한
유업(遺業)을 물려주세요

: 다음세대를 이해하려는 어른들께

저는 과로로 죽은 대형교회 부목사의 아들입니다.

유망한 감리교 목사였던 아버지는 제가 14살 때 교회 새성전 건축
을 총괄하다 뇌출혈로 돌아가셨습니다. 그것은 아버지 외에 경제
적 능력이 전혀 없었던 우리 가족이 감당하기엔 너무나도 파괴적
인 사건이었습니다.

아버지의 이른 죽음은 한 소년의 세계관을 바꾸기에도 충분했습
니다. 아버지를 일찍 데려가신 하나님에 대한 원망과 악에 가득찬
청소년 시절을 보내야 했고, 목사말고는 인생의 선택지가 없다고
생각했던 제 안에는 오직 돈이라는 새로운 가치만이 똬리를 틀고
앉게 되었습니다. 한 번도 돈 버는 경험을 해본 적이 없는 세상 물
정을 모르던 어머니가 어디 가서 돈을 떼먹히거나, 일한 만큼 보상

을 받지 못할 때면, 너무나 화가 나서 대신 싸우기도 했습니다.

저는 고등학교 때부터 남들보다 빨리 돈 버는 일에 뛰어들었습니다. 지금 생각하면 큰돈은 아니었지만 나름대로의 성과나 부요를 비교적 어린 나이에 맛보기도 했습니다. 돌이켜보면 제가 끝까지 목회를 고집하지 않고, 특수한 사역과 비즈니스 구조를 만들었던 것이 다 하나님의 큰 계획 아래 있었던 것 같습니다.

그랬던 제게는 역시 아버지가 필요했던 모양입니다. 대학시절 선배를 따라 다시 찾아간 한 교회에서 저는 살아 계신 하나님을 만났고, 단번에는 아니었지만, 하나님은 5년이라는 세월을 통해 놀랍게도 저의 울분과 의문을 해소해 주셨습니다. 그리고 하나님이 친히 제 아버지가 되어 주시는, 놀라운 영적인 체험으로 텅 빈 가슴을 채워 주셨습니다. 스무살 때부터 문화사역이라는 것을 평생 해보고 싶다고 하나님께 제 소원을 부끄럽게 고백하기도 했는데, 지금 그 일을 이루시는 아버지를 저는 매일 삶으로 느끼고 있습니다.

그러나 제게는 한 가지 아쉬움이 늘 있었습니다.

'아버지가 살아 계셨으면 어땠을까?
이런 상황에서의 영적인 조언이나
물질적인 도움을 구할 수도 있지 않았을까?'

'우리는 너무도, 너무도 빨리 헤어졌던 것 같다.'

그때부터 제 안에는 '유업'이라는 단어에 대한 목마름이 그득했습니다. 어린 시절 무서움의 대상이기만 했던 엄한 아버지 목사님의 얼굴이, 20년이 넘게 지난 지금은 어쩐지 참으로 애틋하게만 마음 속에 그려져 왔습니다.

아버지에 대한 그리움은 이렇다 할 선배나 어른 없이 지난 7년간 분투해 온 교회친구다모여의 사역들 또한 서글프게 만들었습니다. 개인적인 아쉬움도 있었겠지만, 아버지도 선배도 없이 분투해 온 나의 모습이 꼭 아비 세대와 단절된 채 사역하는 한국 교회의 다음세대와 겹쳐 보였기 때문이었습니다.

그렇습니다. 다음세대라는 말을 구호로만 여기며 마음을 쏟아 주지 못한 아비 세대의 잘못일 수도 있고, 어른 세대의 권위를 업수이 여기며 그들의 실수만을 들추어 내길 좋아하는 아들 세대의 잘못일 수도 있습니다만, 그 누구의 잘못이더라도 지금 한국 교회의 다음세대가 아비 세대와 단절된 채 고아의 계절을 지나고 있다는 것은 이론의 여지가 없는 듯합니다.

성경에서의 유업이란 좋은 것입니다. 물려줄수록, 물려받을수록 풍성해지는 것입니다. 그리고 우리가 받아야 할 최고의 유업은 바로 하나님 나라입니다. 아비 세대의 믿음과 세계관과 야성을 유업으로 받아, 그 어깨 위에서 다시 하나님 나라를 세워 가는 한국 교회의 다음세대를 상상할 때면, 저는 가끔 가슴이 북받쳐 오릅니다.

미사여구로 하는 말이 아닙니다. 아마 그 시절 한국 교회 어른들의 야성이 진정 우리에게 물려 내려온다면, 현재를 살고 있는 밀레니얼과 Z세대, 알파 세대들은 그 생소하고도 힙한 에너지를 감당하지도 못할 것이라고 생각합니다. 그들이 모두 팔로워가 될 것입니다.

저는 이것이 교회친구다모여의 사명이라고 생각합니다. 우리가 다음세대를 '지금세대'라고 부르며, 이사야 61장 4절을 통해 그들의 무너진 교회 문화의 성벽을 다시 쌓아 나갈 것이라는 선포를 했을 때, 가장 중요한 것은 성벽의 설계도일 것입니다.

우리는 아비 세대에게서 그 성벽의 원형을 찾습니다. 그 좋은 것들의 어깨 위에서, 변치 않는 복음을 트렌드에 맞게 포장하는 일을 할 것입니다. 그 좋은 것들의 어깨 위에서, 하나님 나라를 위해 자신을 산 제사로 드리는 일이 얼마나 고상하고 아름다운 일인지 설득력 있게 말해 주는 역할을 감당할 것입니다. 지금세대가 지금세대를 전도하고, 선교하는 일을 만들 것입니다. 그리고 그것을 위한 좋은 어른들이, 이제는 제 곁에 조금씩 서 주고 계십니다.

이 책은 MZ세대로 분류되는 나이대인 제가, 자격은 부족하지만 이 세대를 대표해 아비 세대에게 드리는 사랑의 편지라고 생각합니다. 부디 좋은 어른이 되어 주시고, 부족한 요즘 애들이라도 언젠가는 깨닫고 장성한 청년이 될 것을 기대해 주시기를 바랍니다. 우리를 포기하지 말아 주십시오. 우리를 향한 고민을 포기하지 말아 주시고, 우리를 위한 기도를 하나님 앞에 진상하는 작업을 포기하지 말아 주시기를 부탁드립니다.

다만 하나님 나라 안에서 우리가 마음껏 뛰놀고, 마음껏 시도하고, 마음껏 책임질 수 있도록 좋은 안전벨트와, 좋은 보험과, 좋은 스승과, 좋은 선배와, 좋은 아버지가 되어 주시기를 부탁을 드립니다. 그러면 분명히, 우리 한국 교회와 세계의 깊은 골짝들에도 생명의 물이 다시 흐르고, 산새와 동물들이 찾아오는 새 부흥의 역사를 사는 동안 만날 수 있지 않을까, 부족한 저는 생각합니다.

책의 마지막을 아비 세대를 향한 사랑의 고백으로 마무리할 수 있어 좋습니다. 이 책이 지금세대와, 시대를 이해하게 되는 작은 계기였기만을 바랍니다.

이 책을 만나주셔서 감사합니다.
이제 우리는 소셜미디어 뿐 아니라,
그 모든 영역에서 책임을 같이하는 동역자입니다.

2024년 11월
교회친구다모여 대표 황예찬 드림

Special Thanks.
교회친구다모여 1대 대표 은희승
교회친구다모여 2대 대표 조광식

부록

소셜미디어 사역자 인터뷰

* 건강하고 참고할만한
기독교 인스타그램 계정

01

서정모 목사
인터뷰

우이중앙교회 청년교회
@asking_to_pastor

서정모 목사님은 지역 교회(우이중앙교회)의 목사님이면서도, '물어목사'라는 이름으로 인스타그램 릴스에서 자주 볼 수 있는 파워 인플루언서입니다. 목사님은 청년교회 목사로서 '어떻게 하면 말씀이 청년들에게 더 잘 전달될 수 있을까?' 하는 고민으로 인스타그램을 시작하셨다고 하는데요. 지역 교회에서 목회를 하는 입장에서 소셜미디어는 어떻게 이용되어야 하며, 또한 지역 교회가 소셜미디어를 통해 어떤 복음적 열매를 맺을 수 있는지를 들어 보면 좋을 것 같아 인터뷰하게 되었습니다.

Q1. 짧은 자기소개 부탁드립니다.

안녕하세요. 인스타그램 @asking_to_pastor(물어목사) 계정에서 열심히 기독교 콘텐츠를 만들고 있는 서정모 목사입니다. 현재 대한예수교장로회(합동) 우이중앙교회에서 청년교회를 섬기고 있습니다. 팔로워 수는 7,600명 조금 넘는 정도입니다.

Q2. 처음 인스타그램을 사역의 용도로 시작하실 때는 어떤 상황이었나요?

사실 저는 SNS와는 거리가 먼 사람이었습니다. 그 흔한 개인 계정 하나도 갖고 있지 않았거든요. 그런 제가 인스타그램을 시작하게 된 계기는 두 가지였습니다.

첫 번째는 한 청년이 한 말이었는데요, 그는 제게 "당신의 설교는 나에게 와 닿지 않습니다"라고 말했습니다. 처음에는 충격적이었지만, 생각해 보니 오늘의 현실에 사는 청년들에게 전 어쩌면 너무 뻔한 교훈을 말하고 있는지도 모르겠다는 반성을 하게 되었죠.

두 번째는 코로나였습니다. 청년들이 무너지는 게 보였고 그래서 뭐라도 해야 했습니다. 그 뭐라도가 당시 20-30대 청년들이 가장 많이 하는 인스타그램이었고, 매일 나름의 다양한 콘텐츠를 라이브로 올리기 시작했습니다. 지금 보면 너무 촌스럽지만, 당시 청년들의 시각을 교회로, 말씀으로 돌리기 위해 부단히 고민한 흔적입니다.

처음 시작할 때는 거치대도 없이 테이프로 스마트 폰을 벽에 붙여 놓고 시작했는데요, 당시 했던 콘텐츠를 잠시 소개하면, 정오에 만나는 하나님의 말씀, 음식을 만들어 청년들을 방문해 심방하는 배달의 목사, 소수가 모여 진행하는 요리 대결, 퀴즈쇼 등을 라이브로 진행하고 그걸 그대로 올렸죠. 당시 라이브에 접속하는 친구들은 우이중앙교회 청년교회 멤버들이었습니다. 계정도 제 개인 계정이었죠.

Q3. 그 전에 소셜미디어를 통해 사역할 거라고
꿈꿔 본 적(예측한 적)이 있으신가요?

전혀요. 한 번도 생각하지 않았던 사역이었습니다. 물론 유튜브를
통해 주일 설교를 전송하는 일들을 하기는 했지만, 개인적으로 교
회에 나와 예배드리는 게 맞다 생각했었고, 인스타그램이든 유튜
브든 보조 도구라 생각했습니다.

Q4. 소셜미디어에 주로 무엇을 올리시나요?

크게 세 가지인데, 먼저, 궁금한 질문에 대한 속 시원한(제발 시원해야
하는데ㅠㅠ)답변 콘텐츠, 두 번째는 청년 예배나 집회 때 설교, 세 번째
는, 유튜브를 기반으로 하는 크리스천 예능, 이렇게 세 가지입니다.

Q5. 그중에 반응이 좋았던 콘텐츠를 대표적으로 소개해 주실 수 있나요?

조회수가 높게 나온 콘텐츠를 보면 다음과 같습니다.

'목사님 솔직히 얼마 버세요?'

'크리스천은 야동을 봐도 될까요?'

'타투해도 되나요?'

'담배 피는 청년들에게?'

'교회 다니는 사람들이 더 악해요?'

'소그룹 모임 안 하고 싶어요!'

'이혼하는 건 죄인가요?'

사실 조회수를 보고 제일 놀란 건 저였습니다. '너무 뻔한 질문들 아닌가?'라고 생각했죠. 그런데 청년들은 교회 안에서 이런 질문을 할 수 없더군요. 가만 생각해 보니 저도 청년 사역을 하고 있지만, 이런 질문들을 받아 본 적이 많지 않았던 것 같아요. 교회에서는 뭔가 더 진지한, 더 수준 있는 고민들을 요구하지만, 결국 청년들의 현실은 너무 사소한, 하지만 짚고 넘어야 할 문제들 앞에서 힘들어하더라고요. 교회와 사회 속에서 이들은 끊임없이 고민하지만 그 문제에 대해 다루어 주지 않으니 목말라하는구나 생각하게 되었고, 물어목사의 필요성을 더욱 인지하게 되었습니다.

Q6. 소셜미디어 사역이 오프라인으로 연결된 사례가 있나요? 혹시 오프라인 사역 가운데 사례비도 발생하나요?

사역하며 큰 변화는 세 가지였는데, 먼저는 설교나 Q&A, 또는 강의 요청이 들어오는 거였고요, 이 경우 사례비를 주시기도 합니다.

두 번째는 함께 콘텐츠를 만들 수 있는 기회들이 생겼습니다. 물론 유튜브나 다른 SNS 사역을 하시는 분들과도 협업의 기회가 있기는 했지만, 더 좋았던 건 지역 교회와 콜라보였어요. 제 꿈이기도 하거든요. 지역에서 동력을 잃은 젊은이들과 함께 만들어 가는 무엇! 그런데 물어목사가 그 발판이 되어 주어 교회들이 연합해서 콘텐츠들을 만들어 가고 있거든요. 제가 속한 청년교회가 운영하는 채널들(인스타그램 "우이매거진", 유튜브 "723")을 보면 지역 교회, 타 교회와 함께 찬양, 드라마 같은 콘텐츠를 만들어 올리고 좋은 반응을 보이는 콘텐츠들도 생겨나고 있죠. 지역의 작은 교회들이 서로 협력해서 좋은 콘텐츠들을 만들어 간다면, 복음을 전하고 교회에 다시 청년들을 불러 모으는 너무 좋은 통로가 될 거라 생각합니다.

세 번째는 물어목사를 통해 교회에 오시는 분들이 많아졌다는 거예요. 신앙을 잃고 오랜 기간 방황하셨던 분들, 교회를 다니고 싶었던 분들, 믿지 않았던 분들까지 오셔서 다시 신앙을 회복하시고, 세례도 받으시는 일들이 계속되고 있습니다.

Q7. 지역 교회 목회자라는 특수한 상황과 관련해서 소셜미디어를 운영하는 것에 대해 좋은 점과 힘든 점을 한 가지씩 이야기해 주시면 어떨까요? 교회 부흥이나 성도 유입에도 도움이 되고 있나요?

앞에서도 언급했지만, 교회 부흥과 성도 유입에 큰 효과가 있습니다. 사실 기독교 콘텐츠를 크리스천들만 보지는 않더라고요. 안 믿는 분들도 좋은 콘텐츠만 있다면 얼마든지 보고, 관심을 갖고, 이게 지속되면 교회로, 믿는 자리로 이끌 수 있다고 생각합니다. 사실 교회가 이런 전략으로 선교하고 복음 전하고 있거든요. 그런데 이 일을 여전히 옵션 정도로 생각하는 교회나 사역자들을 보면 안타깝습니다.

저희 새신자팀이 설문조사를 한 적이 있었는데요, '당신은 어떻게 교회 오게 되었습니까?'라는 질문에, 20-40대 청년 중에는 '주보 보고 왔습니다' '전도지 보고 왔습니다' 라고 답하는 사람 없습니다. 인스타그램이나 유튜브 보고 오죠. 너무 당연하지 않습니까? 요즘 같은 때 맛집 찾아가는데 전단지 보고 갑니까? 70대 어른들도 어디 가려고 하면 검색부터 하시지 않나요? 우리 교회 검색하면 뭐가 나오죠? 우리 교회 들어가면 어떤 콘텐츠들이 있죠? 솔직히 설교 빼면 뭐가 있나요? 요즘 세대들은 빵을 먹기 위해 KTX타고 서울에서 부산도 가고, 팝업 스토어를 연다고 하면 어디든 찾아가 새벽부터 줄을 섭니다. 이게 바로 지금세대의 특징이에요.

교회가 강북에 있다고 강북 사람들만 오라는 법 없습니다. 세계를 교구 삼았던 신앙의 선배들처럼, 오늘이 정말 그렇게 할 수 있는 때라 생각합니다. 그런 면에서 교회가 SNS, 유튜브를 적극적인 사역의 중심에 하루라도 빨리 놓아야 한다고 생각합니다.

그리고 무슨 일을 하든 힘든 부분은 있다고 생각합니다. 안 하던 일을 해야 하는데, 시행착오와 실패는 당연하죠. 게다가 요즘처럼 치열한 콘텐츠 싸움이 벌어지는 세상에서, 그것도 기독교가 한 자리 차지한다는 것은 쉬운 일이 아닙니다. 하지만 이런 미디어 사역을 더 힘들게 하는 건 아직도 과거에 머물러 있는 교회일 것입니다.

인스타그램은 젊은 애들이나 하는 것이고, 영상은 교회 행사 때나 만드는 거라 생각하는 인식들은 이 사역의 가능성을 다 묻어 버리게 합니다. 교회마다 미디어 전문 사역자들이 이미 나와야 하고, 팀들이 만들어져야 하고, 이 사역들을 위한 충분한 재정과 공간들에 대한 투자도 있어야 합니다. 하지만 그렇지 않은 모습을 볼 때 안타까운 생각이 듭니다.

Q8. 현재 소셜미디어 사역(채널)에 대한
솔직한 고민이나 고충이 있다면 말씀해 주세요.

물어목사가 지향하는 건 '경계선에 서 있기'입니다. 믿는 자와 믿지 않는 자, 믿지만 떨어져 있는 자들이 물어보고 싶었던, 하지만 물어보기 어려운 질문을 1분에서 1분 30초 안에 담는 것인데, 이때 중요한 나름의 원칙은 '명확하게 전달하자!'였습니다. 그러다 보니 악성 댓글들이 따라오고 함께 일하는 팀이 속상해할 때가 있습니다. 하지만 멈출 수는 없죠!

Q9. 목사님에게 인스타그램 채널과 팔로워들은 어떤 의미인가요?

저에게 채널은 오늘 하나님이 하나님의 일을 하라고 주신 통로입니다. "그만 해라" 하실 때까지 열심히 해야 하는 사역이죠.
팔로워와 항상 응원해 주시는 분들이 힘이 됩니다. 그래서 주시는 질문들에 최선을 다해 답해 드리고, 그들의 신앙에 유익을 드리고자 라이브도 합니다. 그럼에도 주시는 용기 격려에 비해 턱없이 부족하기만 합니다.

Q10. 인터뷰를 읽는 독자들에게 소셜미디어의 좋은 점 및 추천해 줄 점에 대해 말씀해 주세요. 그리고 마지막 인사와 하고 싶은 말씀 부탁드립니다.

기독교 콘텐츠와 세상에 만들어지는 악한 콘텐츠, 이 둘 중 어떤 콘텐츠가 더 많이, 더 빨리, 더 큰 영향력을 주고 있을까요? 우리는 답을 알고 있습니다. 그런데 교회는 매번 똑같은 말만 합니다. "세상이 악하다." "우린 연약하다." "스마트폰을 오래 보게 하지 말아야 한다." 그런데 그게 되던가요? 안 됩니다.

생각해 보세요. 그들도 스마트폰을 들고 있고, 우리도 들고 있습니다. 그들은 사람들의 영혼을 파괴하고 타락시키는 일을 합니다. 우린 어떻게 하냐며 걱정만 합니다. 요즘 콘텐츠를 만들며 가장 긴 시간과 노력을 들이고 있는 일이 크리스천 예능 만들기입니다. 사람들의 시간을 찾아오고 싶습니다. 선함으로 그들의 시각을 끌어오고 싶습니다.

우리나라 기독교 인구가 천만 명이라고 합니다. 적지 않은 수입니다. 비율로도 상당합니다. 그럼 콘텐츠의 비율도 그렇게 만들어 내야 한다고 생각합니다. 우리도 만들어야 합니다. 교회들이 만들어야 합니다. 복음을 전해야 하고, 우리가 믿는 하나님의 그 아름다움을 보여 주어야 합니다. 이 일을 위해 오늘 시대 속에 주신 능력을 사용하는 우리 크리스천들이 되었으면 합니다.

저도 SNS의 문외한이었습니다. DM도 볼 줄 몰랐어요. 하지만 시대를 놓친 교회는 시대 속에서 하나님의 나라를 만들어 갈 수 없다고 생각합니다. 늦지 않았습니다. 한번 도전해 보고, 또 도전해서 시대 속에 나를 통해 만드실 하나님의 나라를 꿈꾸는 우리가 되어 보는 게 어떨까요? 또 이렇게 잔소리해 봅니다.

02

삶의 예배자
지혜 인터뷰

@y.jihye__

한국 교회의 소셜미디어 사역은 지난 10여 년간 3세대 정도로 나눌 수 있는데, 1세대는 페이스북이나 카페를 이용한 '페이지' '그룹' '카페'와 같은 사역입니다. 개인적으로 운영하는 일이 많지만 얼굴이 드러나거나 인플루언서와 같은 효과를 누리는 사역은 아니라서 늘 지속가능성이 문제였습니다. 2세대는 교회친구다모여나 예스히이즈와 같은 소셜미디어 단체입니다. 어느 정도의 영리 목적의 콘텐츠나, 대규모의 행사를 주최할 수 있는 팀의 형태라고 볼 수 있습니다. 지금 떠오르는 3세대는 개인이 자기 자신을 드러내며 직접 만든 콘텐츠로 선한 영향력을 끼치는 진정한 의미의 1인 미디어라고 할 수 있습니다. 이런 분류로 볼 때 지혜님은 확실히 한국 교회의 소셜미디어 사역의 상징적인 인물이라고 생각합니다. 크리스천 개인으로서 만드는 콘텐츠가 얼마나 많은 사람에게 영향력을 끼칠 수 있으며, 또한 그들의 삶에 변화를 야기하는 메시지를 던질 수 있는지, 인터뷰를 통해 확인해 보면 좋겠습니다.

Q1. 짧은 자기소개 부탁드립니다.

안녕하세요. 인스타그램에서 삶의 예배자(@y.jihye_)라는 이름으로 활동하고 있는 윤지혜라고 합니다. 현재 릴스와 게시글, 스토리 등을 활용하여 크리스천 청년, 직장인으로서 삶의 이야기를 나누고 있어요. 2024년 9월을 기준으로 팔로우는 2.4만 명 정도고요.

인스타그램으로 다양한 일을 하고 있지만, 사실 제 진짜 직업은 간호사입니다. 서울아산병원 신생아중환자실에서 근무한 지 3년이 다 되어 가요.

Q2. 처음 인스타그램을 사역의 용도로 시작하실 때는 어떤 상황이었나요? 첫 게시물이 기억나시면 그것과 함께 말씀해 주세요.

사실 지금 사용하고 있는 계정은 고등학생 때부터 사용했던 지극히 개인적인 계정이에요. 어릴 때부터 워낙에 책 읽는 걸 좋아하고, 책이든 말씀이든 읽고 알게 된 것들을 주변 사람들에게 알려 주면서 같이 하자고 말하기를 좋아했어요. 그래서 인스타그램에 제가 읽은 책의 내용이나 묵상하면서 깨달은 점들을 올리곤 했었고요.

그러다가 서울에서 첫 직장생활을 시작하면서 본가인 대구를 떠나게 되었어요. 가까이 지내며 삶을 나누던 친구들, 동역자들과 만나는 시간이 줄어들다 보니 그게 참 아쉽기도 하고 속상하더라고요. 그래서 제 나름대로 방법을 찾은 게, '인스타그램을 통해서라도 내 삶의 이야기를 나눠 보자!'가 되었던 것 같아요. 그렇게 하나둘씩 영상과 글을 통해 제 삶에서 느낀 하나님의 은혜를 나누게 되었습니다.

처음 영상으로 만들어서 올렸던 건 정말 짧은 영상이었어요. 제가 다니는 교회(오륜교회)는 청년들을 위한 평일 예배가 화요일 저녁에 있어요. 하루는 그 화요저녁예배를 드리려고 기숙사에서 나왔는데 타고 가려고 했던 따릉이가 한 대도 없는 거예요. '지금 따릉이를 타고 바로 출발하지 않으면 예배에 늦을 텐데⋯' 하면서 한숨이 딱 나오려는 순간, 저 멀리서 한 분이 따릉이를 타고 오더니 제 눈앞에서 딱 반납하는 게 아니겠어요? 그때 마음 속에 하나님이 이런 말씀을 해주시는 것만 같았어요. "지혜야, 이거 봐. 내가 너를 위해서 자전거를 준비했어. 그러니까 기쁜 마음으로 마음껏 예배하고 와." 이날 따릉이를 타고 교회에 가는 내내 얼마나 기뻤는지 몰라요. 그래서 자전거를 타고 가며 봤던 풍경 영상에 제가 느낀 하나님의 마음을 담아 릴스를 만들었답니다.

Q3. 그 전에 소셜미디어 사역을 해야겠다고
생각해 본 적이 있나요?

아니요. 단 한 번도 그런 생각을 해본 적이 없었어요.

Q4. 소셜미디어에 주로 무엇을 올리시나요? 그중에 반응이 좋았던 콘텐츠를 대표적으로 소개해 주신다면 무엇이 있을까요?

삶의 예배자라는 이름처럼 한 명의 크리스천 청년으로서, 그리고 크리스천 직장인으로서 살아가는 이야기를 많이 하는 것 같아요. 믿음을 가지고 세상을 살아가면서 경험하는 다양한 일들과 그 속에서 제가 하는 생각들, 그럼에도 예배하며 살아가기 위해 하는 노력들을 자주 나누게 되는 것 같습니다. 그래서 특별한 주제가 있기보다는 삶의 순간순간 제게 일어난 일들을 통해 깨닫는 크고 작은 은혜를 자유롭게 콘텐츠로 만들고 있어요.

올렸던 많은 영상 중에서도 몇 가지 릴스 시리즈를 많은 분이 공감해 주시고 또 좋아해 주셨어요. 대학생 때 어떻게 하나님을 만났고, 말씀을 묵상하며 삶이 어떻게 변했는지, 직장인이 된 후 비전을 찾기 위해 어떻게 했고, 비전을 찾은 후 어떻게 살아가고 있는지 등의 과정을 담은 '비전 릴스'와 대학병원 간호사로서 3교대 근무를 하면서도 신앙을 지키기 위해 어떤 노력을 하고 있는지를 담은 '크리스천 직장인 브이로그(vlog)'가 대표적이라고 말할 수 있을 것 같네요.

Q5. 소셜미디어 사역이 오프라인으로 연결된 사례가 있나요?
네. 몇몇 교회와 학교에서 간증과 강연의 자리로 불러 주신 적이 있습니다. 크리스천으로서 살아가는 이야기와 묵상하는 방법 등을 나누고 왔어요. 제 비전이 '올바른 성경적 가치관을 가지고 살아 내는 삶의 예배자가 되도록 가르치고 돕는 것'이에요. 이 비전을 인스타그램에서 뿐만 아니라 오프라인 현장에서도 이뤄갈 수 있단 사실이 정말 기쁘고 감사하더라고요.

Q6. 혹시 소셜미디어를 통해 경제적인 도움도 받고 계신가요?
묵상 모임을 진행하거나 묵상노트를 판매했을 때 이에 합당한(?) 비용을 받았어요. 1인당 한 달 모임 참가비용을 1-2만원 씩 받거나 하는 식으로요. 그런데 직장생활하며 버는 급여가 따로 있고, 소셜 미디어 활동을 통해 버는 돈은 굉장히 일시적이라서 경제적인 도움을 받는다는 의미로 여겨지진 않았던 것 같아요.

Q7. 직장인으로서, 그것도 간호사로서 소셜미디어를 운영하는 것이 어려울 수도 있을 것 같은데요. 직업과 관련해서 소셜미디어를 운영하는 것에 대해 좋은 점과 힘든 점을 한 가지씩 이야기해 주신다면 어떤 게 있을까요?

슬프게도 간호사라는 직업과 관련해서 좋은 점은 떠오르지 않는 것 같아요. 간호사로서의 일상을 보여 주거나 간호 전문지식과 같은 간호 이야기를 했다면 여러 부분에서 좋은 점이 있었을 것 같다는 생각이 들지만, 저는 간호사로서의 이야기를 중점으로 다루고 있지 않아서인지 제 직업과 큰 관련성을 못 느끼고 있어요.

다만, 그런 좋은 점은 있는 것 같아요. 인스타그램을 통해서 "크리스천으로서 이렇게 살아 내고 싶어요, 이렇게 살아 낼게요!"라며 많은 사람에게 이야기한 것이 일하는 순간순간 떠오를 때가 많아요. 그래서 일터에서도 제가 말하고 다짐한 대로 살아내려고 노력할 수 있게 되는 게 참 감사해요.

반면에 힘든 점은 한 가지만 뽑기 어려울 정도로 여러 가지가 생각이 나는데요(ㅎㅎ), 저는 게시글이든 짧은 릴스 영상이든 하나의 콘텐츠를 완성하기까지 꽤 오랜 시간이 걸리는 편이에요. 제가 말하는 것들이 보시는 분들에게 도움이 되기를 바라기 때문에 고민도 생각도 많이 하고, 그만큼의 노력을 쏟아요. 그래서 몸도 마음도 지칠 때가 자주 있어요. 지쳐서 하기 싫다는 마음보다는 방전이라는 말이 조금더 어울릴 것 같아요. (아직 미디어 사역이라는 말이 제게는 너무 어색하고 부끄럽지만) 미디어 사역을 준비하고 나면 모든 에너지를 다 써서 다른 일들은 거의 못 하게 되는 거죠.

가끔 팔로워나 가까운 지인들이 3교대 근무를 하면서 어떻게 소셜 미디어 운영까지 하냐고 물어보시거든요? 그럴 때마다 항상 이야기하는 게 "근무하고, 미디어 사역 준비하고, 가끔 운동하고 취미 생활하는 것밖에 안 한다"는 대답이에요. 비교적 밖에 나가서 친구들과 놀거나 여행을 가거나 개인적으로 시간을 보내는 날들이 적은 것 같아요.

이런 날들이 가끔은 속상하게 여겨질 때도 있지만, 그럼에도 하나님 안에서 비전을 품고 나아가기로 한 것이기 때문에 스스로 한 약속이나 협업, 부탁받은 일들에 대해 책임감을 가지고 해나가려고 노력하고 있어요.

Q8. 현재 소셜미디어 사역에 대한
솔직한 고민이나 고충을 말씀해 주신다면요?

사실 이전까지는 얼굴을 드러내고 인스타그램 활동을 하는 것에 대해 부담을 느낀 적이 한 번도 없었어요. 오히려 기획하고 글 쓰고 영상 편집하고 보여 주는 게 너무 즐거웠거든요. 그런데 최근 들어서 근무하고 있는 병원이나 초청받아 간 교회, 혹은 또 다른 곳들에서 저를 알아봐 주시는 분들이 많다는 걸 알았어요. 그리고 나니 저를 지켜보고 있는 사람이 많다는 생각이 들면서 그 사실 자체만으로도 부담이 되더라고요. 위에서도 말했듯이 저는 그냥 제 일상 생활 속에서 느끼는 순간순간의 생각들을 자유롭게 글로 쓰고 이야기를 나누고 싶은데, 점점 더 사람들의 눈치를 보게 되고 조심해야 할 것들이 생긴다는 게 속상했어요.

무엇보다 저도 언제든 실수할 수 있고, 또 무너질 수 있는 사람인데 그런 스스로의 모습들을 마주할 때마다 '나도 이렇게 부족하고, 사람들에게 상처 주고, 죄를 짓는 사람인데 이런 말을 할 자격이 있을까?'하는 생각 때문에 실제로 인스타그램 활동을 다 그만두고 싶다는 생각도 몇 차례 했었어요.

그래서 지금도 가장 많이 하는 고민이 있다면, 저의 부족한 언행 때문에 혹여나 제가 드러내고 이야기하는 하나님의 이름이 욕을 먹지 않았으면 하는 것이에요. 그리고 동시에 하나님의 이름을 통해 이야기를 나누면서 제가 더 드러나려 하는 마음이 무심결에라도 커지지 않았으면 하는 것이 기도제목입니다.

한 가지 고민을 더 말씀드리자면, 제가 약 11개월 동안 참가자를 모집해서 말씀 묵상 모임을 꾸준히 했어요. 마음 같아서는 묵상 모임이든 또 다른 모임이든 새로 시도해 보고 싶은 것들이 참 많은데요. (예를 들면, 올바른 성경적 가치관을 기반으로 삶의 건강한 습관들을 세워 가는 모임이요! 시간 관리, 돈 관리, 계획/목표 세우기, 글쓰기, 건강 관리 등.)

간호사로서 3교대 근무를 하면서 동시에 모임을 운영하려 하니 정말 말도 안되게 힘들더라고요. 그래서 어쩔 수 없이 지금은 모든 활동을 쉬어 가기로 결정했어요. 그런데 언젠가는 꼭 다시 그런 모임을 열고 싶어요. 혹은 묵상 노트를 제작해서 필요하신 분들께 판매한 것처럼, 제가 도움을 드릴 수 있는 영역에서 저만의 새로운 도전들을 해보고 싶다는 생각이 있습니다. 그런데 아직은 그럴 수 있는 시간적인 여유가 없다는 게 제가 항상 마음속에 품고 있는 고민입니다.

Q9. 지혜님에게 인스타그램 채널과 팔로워들은 어떤 의미인가요?

이런 말이 어떻게 들리실지 모르겠지만, 저에게 인스타그램 채널은 가장 마음이 가고 신경 쓰이는 것임과 동시에 가장 마음을 비우고 크게 신경 쓰지 않으려 하는 것이에요.

하나님을 믿으며 살아가는 삶의 이야기를 하는 곳이다 보니 그 어느 것보다 진심으로 대하지만, 이 안에 갇혀 있고 싶진 않아요. 그래서 '채널을 어떻게 더 열심히 해볼까?' 혹은 '다른 사람들은 어떻게 하나?' 이런 것들을 고민하면서 찾아보거나 그러지 않았어요. 그래서인지 지금까지도 저는 크리스천 인플루언서라는 말이 아직도 어색하고 활동하는 분들도 거의 모르는 분들이 대부분인 것 같고요. 아무리 크리스천 계정이고 대부분 팔로워가 크리스천이라 하더라도 SNS라는 미디어 특성상 가지고 있는 부정적인 면들이 있기 때문에 건강한 거리를 두려고 노력하는 편이에요.

계정이 조금씩 커지던 초반시절에 골방 예배를 드리며 기도하는 중에 하나님께 이런 기도를 한 적이 있어요. "지금은 너무 즐겁고 감사한 일들이 많아진 인스타그램 활동이지만, 이런 일이 전부 없던 때로 돌아간다 하더라도 지금처럼 간절하고 뜨겁게 동일하게 하나님을 예배하는 사람이 되게 해주세요." 이 기도제목을 지금도 잊지않고 기도하고 있습니다.

그럼에도 팔로워에게는 감사한 마음이 너무너무 많아요. 팔로워 수가 1만, 2만이 넘어가기 전부터 꾸준히 응원해 주며 함께해 주시는 분들도 계시고, 종종 댓글이나 디엠을 통해 보내 주시는 따뜻한 격려의 말씀들은 실제로 제가 힘들고 지칠 때마다 엄청난 힘이 되어 주었어요. (보내 주시는 디엠들을 하나하나 캡쳐해 앨범에 저장하기도 한답니다.) 그런 응원 덕분에 포기하고 싶을 때마다 '그래, 이렇게 함께 도전받고 예배하기를 힘쓰며 살아가는 분들이 계시지!' 하면서 다시 발걸음을 뗄 수 있었던 것 같아요. 긴 시간 동안 묵상 모임을 함께해 주신 분들, 온라인으로 만나 이야기 나눈 분들, 제가 만들었던 '나를 찾는 시간' 질문지와 묵상노트를 사용하며 삶의 예배를 세워 가고 있다고 알려 주신 분들, 도움이 되고 싶다며 여러 방면으로 손을 내밀어 주셨던 분들 모두 잊지 못할 감사한 분들이에요. 그래서 제게 힘을 주고 위로를 주고 사랑을 주신 분들께 저도 앞으로 조금더 도움이 되어 드리고 싶다는 생각을 한답니다.

Q10. 인터뷰를 읽는 독자들에게 소셜미디어의 좋은 점/추천해 줄 점에 대해 말씀해 주세요. 그리고 마지막 인사와 하고 싶은 말씀도 부탁드립니다!

저도 아직 완전히 실천하고 있진 못하지만, 소셜미디어를 사용할 때 절제하며 분별해서 활용하면 긍정적인 부분이 많다고 생각해요. 특히나 신앙적인 부분에 있어서는 우리가 하루에 많은 시간을 들여 바라보는 스마트폰 속에서 조금이나마 하나님을 떠올릴 수 있도록 해주는 매개체가 되는 것 같고요. 그래서 이 글을 보시는 분들이 앞으로는 소셜미디어를 사용하실 때 굳이 보지 않아도 되는 것들에 대해서는 잘라낼 줄 알고, 평소에 조금더 생각하고 조금더 기억해야 할 중요한 것들에 대해서는 스스로 찾아볼 줄 아는 사람이 되셨으면 좋겠어요. 하나님 보시기에 흡족한, 거룩한 알고리즘을 만들어 가봐요!

미디어 사역을 오래 해 오신 분들에 비해 저는 경험도 적고 전문적으로 배운 것도 없어서 이 분야에 대해 모르는 게 참 많아요. 하지만 그럼에도 이 활동들을 해나가면서 느끼는 것들이 참 많은데요.

첫 번째는, 사역과 별개로 나와 하나님과의 관계가 언제나 1순위여야 한다는 거예요. 무슨 일을 하고 무슨 사역을 하는지와 상관없이 우리는 가장 먼저 하나님 앞에서 온전한 예배자가 되어야 하니까요. 그래서 미디어 사역을 꿈꾸고 있다면, 그 전에 먼저 여러분의 삶의 자리에서 하나님을 가까이하는 예배자가 되기 위해 애쓰고 또 애쓰셨으면 좋겠어요. 그 이후에 주신 마음을 가지고 계속해서 기도함으로 맡겨 주신 사역을 감당한다면, 반드시 하나님이 각자에게 가장 적절한 때에 하나님의 일을 하게 하실 거라 생각해요.

두 번째는, 그럼에도 불구하고 분명한 실력이 있어야 하는 것 같아요. 하나님을 아는 지식은 당연히 필요하고, 올바른 성경적 가치관에 대한 공부를 통해 우리가 만드는 콘텐츠가 보는 이들에게 어떤 긍정적, 부정적 영향을 줄 수 있는지 반드시 알아야 한다고 생각해요. 개인적으로 저는 많은 사람이 봤으면 하는 마음으로 세상 문화에서 유행하는 것들을 가져와서 콘텐츠를 만드는 건 지양해야 한다고 생각하거든요. 그보다는 어떻게 하면 올바른 복음을 있는 그대로, 그러나 사람들이 접하기에 부담스럽거나 거북하지 않게, 너무 무겁지도 가볍지도 않게 콘텐츠를 통해 전할 수 있을까를 고민하면 좋겠어요. 그러기 위해서는 배움의 시간이 필수적으로 필요하다고 생각해요.

마지막으로, 위에서 언급한 하나님과의 관계와 맡은 일에 대한 실력을 쌓아 가며 끝까지, 꾸준히 걸어가는 사람이 되셨으면 좋겠어요. 많은 일들이 그렇겠지만, 미디어 사역이란 것도 어떨 때는 신나고 흥분되는 마음으로 막 달려가다가 또 어떤 일이 닥치면 쉽게 절망하게 되는 것 같아요. 저처럼 그냥 다 관둘까 생각하게 되기도 하고요. 그런데 이 일이 정말 하나님이 맡겨 주신 일이라고 생각한다면, 계속해서 기도함으로 묵묵히 걸어가셨으면 좋겠어요. 혹여나 그 과정에서 사람들에게 듣기 좋지 않은 말을 듣더라도 내 안에 있는 믿음을 붙잡고 단단하게 서있었으면 좋겠어요. 혹은 사역을 해나가는 중에 나의 연약함을 마주했다면 반성할 것은 철저히 회개하되 깨끗케 하시는 하나님의 능력을 믿고 다시 훌훌 털고 일어나셨으면 좋겠어요.

독자분들께 전하고픈 이야기가 곧 저 스스로에게도 하고 싶은 말인 것 같네요. 인터뷰를 통해 처음으로 저의 깊고도 솔직한 이야기를 전할 수 있었어요. 감사합니다. 이 답변을 쓰고 있는 오늘도 저는 참 부족한 사람인 걸 느끼지만, 여러분께 전한 이야기처럼 살아내기 위해 앞으로도 조금씩 조금씩 더 노력하고 또 기도할게요. 그러니 여러분도 삶의 자리에서 하나님이 기뻐하시는 예배자가 되기를 조금만 더 힘써 주세요!

건강하고 참고할 만한
기독교 인스타그램 계정

본문과 부록에서 언급했듯이, 3세대라고 불릴 수 있는 현 기독교 소셜미디어 세대에는 개인 인플루언서가 주류가 되어 가고 있다. 개인이 영향력을 가지고 선한 메시지(콘텐츠)를 계속해서 공급하는 것은 정말이지 권장할 만한 일이지만, 그와 반대로 요즘은 건강하지 못한 방법으로 성장한 채널이나 이단 사상을 가지고 있는 채널들도 기승을 부리고 있는 실정이다.

때문에 두 번째 부록에서는 독자들이 안심하고 팔로우할 수 있는 (또 내가 팔로우하는) 건강하고 참고할 만한 기독교 소셜미디어 계정들을 개인적인 언급과 함께 추천하려고 한다. 궁금하다면 언제든 찾아보고 팔로우 해도 좋을 것 같다. 물론, 이곳에 언급되어 있지 않더라도 좋은 계정들이 있다는 것을 기억해 주기를 바란다.

소셜미디어 채널 그룹

두 명 이상의 운영자를 두고 있는 그룹.
콘텐츠나 굿즈를 생산하는 경우가 많다.

교회친구다모여 @churchsoulmate

기독교 대표 소셜미디어 채널. 말씀, 캘리그라피, 인스타툰, 각종 예배나 행사 정보 등을 한눈에 볼 수 있으며, 트렌드와 기독교 문화를 선도하는 대표적인 채널로 7년간 자리매김하고 있다.

예스히이즈 @yesheiskr

예스히이즈는 외국계 온라인 선교단체로, 전 세계 수많은 사람에게 복음을 전하고 있는 귀한 동역자이다. 예스히이즈 코리아 채널은 팀원들 특유의 '현지화'로 온라인 상의 믿과 전도와 선교를 주제로 한 콘텐츠를 주로 업로드해 오고 있다.

와이더미션 @ythemission

본질을 아는 청년들의 놀이 공간.
와이더미션은 국민일보 "더미션"의 청년 플랫폼으로,
강력한 인플루언서 섭외력과 기획력으로 많은 이의 사랑을 받고 있다.

오늘의메시지 @365_message

말씀 큐레이션 콘텐츠 채널.
다양한 설교자의 말씀을 매일 업로드하는 채널이다.

갓츄 @godchu_official

C급 영맛감성 크리스천 굿즈 브랜드.
둘이 웃다 둘 다 전도되는 신박한 전도용품!
아이디어와 과감성에 놀라게 되는 요즘 스타일 크리스천 브랜드.

햇살콩 @sunny_bean

김나단, 김연선 선교사 부부가 운영하고 있는 소셜미디어 채널
SNS와 책, 굿즈, 전도사역을 통해 복음의 씨앗을 심는다.

캘리그라피 계정

캘리그라피를 주 콘텐츠로 운영하고 있는 계정.

요즘은 줄어드는 추세이나, 지금도 좋은 콘텐츠가 많다.

이로운 @iroun.design

손글씨와 일러스트로 하나님을 예배하는 계정.
교회친구다모여의 가장 오래된(그리고 가장 감사한) 동역자 중 한 명.
매주 토요일 아침, 말씀과 찬송가로 마음을 채우고 싶다면 추천.

샨캘리 @shahncalli

캘리송라이터로 유명한 안순현 아티스트의 캘리그라피 계정.
격주로 교회친구다모여의 목요일을 지켜 주고 있다.

순글씨 @calli_soon

아마, 교계에서 가장 많은 '글씨'를 쓴 작가 중 한 명이 아닐까?
작품이라고 부를 만큼 멋진 캘리그라피가 가득한 계정.
교회친구다모여의 격주 금요일을 책임지고 있다.

로드레터 @lord_letter

한두 줄의 문구로 마음을 완전히 뒤흔들어 놓는 로드레터 작가의 계정.
찔러 쪼개지만, 감싸안을 때는 한 없이 넓은, 예수님 그분의 말씀을 닮은 신앙 문구들.

굿뉴스드로잉 @goodnewsdrawing

독특하고 예쁜 글씨와 그림들.
그리고 그 안에 담겨 있는 몽글몽글한 복음의 향기.

오예손 @oh_jesus_hand

영화 같은 하나님과 당신의 이야기.
실질적인 신앙에 대한 조언들이 섬세하지만 날카롭게 들어 있다.

리소글씨 @leeeesoj

한국 교회에 캘리그라피 붐을 불러왔던 전설의 아티스트 중 한 명.
지금도 많은 팔로워와 함께 그리스도의 사랑의 편지를 써내려가는 중.

인스타툰 계정

인스타툰을 주 콘텐츠로 운영하고 있는 작가 계정.
굿즈를 병행해서 판매하는 작가도 있다.

초롱이와 하나님 @chorongandjesus

1년에 6번 단기 선교 가는 웹툰작가!
우리나라에서 가장 오래된 기독교 웹툰 작가 중 한 명이며, 교보문고 등 여러 문구 브랜드에서도 굿즈를 만날 수 있다.

지음 @jiieum_

하나님의 다정하신 사랑을 그리는 작가의 일기장. (개인적으로 가장 좋아하는 그림묵상 작가이다.) 묵상의 깊이와 연출력이 만나, 큰 울림과 은혜를 준다.

윤슬 @imyoonsle

교회친구다모여의 수요일을 지켜 주는 가장 따뜻한 그림을 그리는 작가.
작고 귀여운 그림이지만, 매번 수만 명의 사람들에게 은혜와 위로를 주고 있어
하나님 입장에서는 결코 작다 할 수 없는 거인.

젠틀위스퍼 @gentle.whisper

주님의 세미하신 음성을 구하는 젠틀위스퍼 선교사님의 계정. 때로 너무나
솔직하고 정확한 묵상에, 내 마음을 들춰 보는 게 아닌가 하는 착각이 들 정도!

김땡스 @kim.thanks

자타공인 굿즈의 여왕! 말씀에 기반한 제품들을 제작한다.
작가의 그림묵상도 너무나 은혜롭지만, 김땡스 스마트스토어에 들어가면
한 개라도 구매하지 않고서는 결코 나오지 못한다는 사실!

이화하하 @yihwahaha_yekkum

교회친구다모여와 최초로 함께한 그림묵상 작가.
그림을 잘 그리는 것도 맞지만, 그전에 누구보다도 하나님과 가까이 가고 싶은 사람.

심지
@shimjih

묵상의 통찰력과 깊이에 놀란다. 글을 보고 있자면, 깊이 회개하고 있는 나를 발견하게 된다.

손맛나는글씨_단비
@sonmat.calli

교회친구다모여의 디자인 결을 맞춰 주었던 고마운 전(前) 직원.
하나님 앞에서의 솔직함과 자기고백이 일품인 그림묵상을 연재 중.

수이브흐
@dear_suivre

동화같은 그림묵상.
몽글몽글한 예수님 그림을 보고 있자면, 나도 주님께 폭 안기고 싶다는 마음이 든다.

함미
@salt4cut

교회를 위한 디지털 콘텐츠. 너무 신기하고 재미있는 콘텐츠들이 쏟아진다.
주일학교 교사라면 꼭 한번 팔로우해 봐야 할 계정!

고래
@goziwoong

아름다운 일러스트가 일품인 묵상 계정.
알록달록 크리스천 일러스트와 세계관을 보고 있자면 나도 같이 애니메이션의 세계에 들어와 있는 것 같은 착각이 든다.

병아리사모
@hello_myjesus

목회자 '사모'에 대한 여러 가지 이야기가 담겨 있는 인스타툰 계정.
사모님뿐만 아니라, 수많은 크리스천에게 많은 공감을 불러일으키며 성장 중.

지저스 루틴
@jesus__routine

일상 속에서 찾는 기독교 그림묵상.
이렇게 귀염 뽀짝한 예수님과의 동행이 있을 수 있다니!

미니스트리 계정

예배팀, 캠프 등에서 활발하게 사역하는 사역단체의 계정.
더 많은 사역단체가 있지만 교계 트렌드 면에서 참고할 것들을 위
주로 설명하기 위해 몇 계정만 추려서 소개한다.

제이어스 @jusworship

워십 밴드 제이어스의 콘텐츠와 소식들이 가장 먼저 올라오는 공식 인스타그램 계정. 정
기예배 소식을 가장 먼저 들을 수 있으며, 제이어스 특유의 디자인 결도 느껴볼 수 있다.

예람워십 @yeramworship

2020년 이후 최고의 사랑을 받고 있는 예배팀, 예람워십의 인스타그램 계정.
어색하지 않으면서, 요즘 느낌을 살려 가는 콘텐츠력이 돋보인다.

위러브 @welovecreativeteam

위러브의 콘텐츠와 소식들이 가장 먼저 올라오는 공식 인스타그램 계정.
사진과 콘텐츠의 콘셉트와 색감들을 참고하면 좋다.

팀룩워십 @teamlukeworship

요즘 주변에 "좋아하는 찬양팀이 어디야?"라고 물어보면 대부분 팀룩워십을 꼽는다. 음
악, 영상, 디자인, 콘텐츠량 등 어느 하나 빼놓을 수 없는 팔방미인 워십밴드 계정.

웨이홈 @wayhome_official

워십밴드 웨이홈의 공식 인스타그램 계정.
처음에 아이폰으로 찬양 영상을 찍기 시작했던 과거와, 지금의 싱그러운 청년들의 모습을
보았을 때, 본질에는 전혀 변함이 없다는 것을 느끼게 해주는 고마운 친구들.

러빔 @luvim_official

2인조 워십밴드 러빔의 공식 인스타그램 계정.
러빔의 활동 정보와 사역 현황 등을 볼 수 있다.

마피　　　　　　　　　　　　　　　　　　　　@mapi__official_

기독교 댄스크루, 마피의 공식 계정.
실제 공연을 보게 된다면 깜짝 놀랄지도 모른다. 여러 밈들을 생산해 내는 원류이기 때문에 꼭 팔로우하길 추천한다.

아이자야씩스티원　　　　　　　　　　　　　@isaiah6tyone

워십밴드 아이자야씩스티원의 공식 계정.
컨퍼런스나 집회 정보를 가장 먼저 볼 수 있다.
본질을 잃지 않는 워십 리더들의 라이프 스타일이 곳곳에 잘 묻어 있다.

기독교캠프코리아　　　　　　　　　　　　@campkorea_official

한국 교회 최대 캠프 선교단체인 캠프코리아의 공식 계정.
캠프 단체로서 계정 운영을 눈에 띄게 잘하고 있기 때문에 참고할 만하다.

히스플랜　　　　　　　　　　　　　　　　　@hisplan_official

떠오르는 워십밴드 '히스플랜'의 공식 인스타그램 계정.
여러 가지 아트웍과 콘셉트들을 참고할 수 있다.

웨이브프로젝트　　　　　　　　　　　　　@waveproject_team

워십밴드 '웨이브 프로젝트'의 공식 인스타그램 계정.
릴스나 영상의 감성과 영상미가 좋아 자꾸 보게 된다.

개인 인플루언서 계정

개인의 이름이나 얼굴을 걸고 영향력을 미치는 개인 인플루언서 계정. 대개 1인이 기획과 제작, 업로드를 도맡아 한다.

주케팅 @juketing.com_

어느날, 주님을 팔아 보았다. 전도의 Trendify, 주케팅.
탁월한 밈 활용과 적극적인 콘텐츠 제작으로 많은 사람에게 선한 영향력을 끼치는 중.

크리스천 간호사 | 하은 @hamuk_365

하나님 묵상, 삶에서의 묵상을 나누는 계정. 사랑 전하는 간호사라는 꿈을 따라 여러 묵상과 콘텐츠를 업로드하는 중. 올라오는 묵상 게시물을 보다 보면, 청년들을 향한 하나님의 뜨거운 마음이 느껴진다.

삶의 예배자 | 지혜 @y.jihye__

크리스천 간호사 계정.
크리스천으로 살아가며 느끼는 솔직한 묵상과 예배하는 삶에 대한 기록이 담겨 있다.

러브그로우레터 @lovegrowletter

크리스천 트렌드 매거진.
혼자가 아님을 느끼게 해주는 크리스천 청년들의 인터뷰들과
아이디어 넘치는 프로젝트와 콘텐츠들이 꾸준히 업로드되는 채널.

김성경 목사 @pastor.bible

교회친구다모여 첫 번째 메시지 크리에이터, 김성경 목사님의 개인 계정.
탁월한 설교자이지만, 탁월한 디자이너이자 크리에이터인 김성경 목사님 특유의 감성적인 디자인과 센스가 묻어 있다.

김선교 선교사 @kim.mission

다윗의열쇠, 라이트하우스 키퍼스처치를 담임하는 김선교 선교사님의 개인 계정. 가슴을 치게 되는 설교 영상들과, 무릎을 치게 되는 '초간다 메시지'는 나올 때마다 빼놓지 않고 보는 필수 시청 코스.

이종찬 전도사(종리스찬) @lionisos

교회친구다모여의 두 번째 메시지 크리에이터이자 유튜브 크리에이터 종리스찬TV의 이종찬 전도사님의 인스타그램 계정. 인스타그램에는 주로 릴스 콘텐츠가 올라오는데, 아이디어-실행-완성도의 삼박자가 딱 떨어진다.

임형규 목사   @limbro.q

라이트하우스 서울숲 담임 목사님인 임형규 목사님의 개인 계정.
자연스러운, 시시콜콜한, 개인적인 콘텐츠들도 올라오지만,
그 일상 안에 숨어 있는 묵상들이 절로 자세를 바로잡게 만든다.

서종현 선교사   @seojonghyun_kor

EMT 대표 목사인 서종현 선교사님의 개인 계정.
다른 말이 필요 없다. 하나님과 동행하면 이렇게 멋있을 수 있다는
사실을 매 순간 상기시켜 주는 계정.

최진헌 전도사   @d.of.j.c

화보 같은 사진들도 좋지만, 온갖 밈들을 활용한 크리스천 릴스가 정말 매력적이다.

물음에답하다(조재욱 목사)   @__from.heaven__

여러 가지 질문과 주제에 답해 주는 조재욱 목사님의 개인 계정.
깊이 있는 묵상과 명쾌한 답변들이 일품.

서정모 목사(무엇이든물어목사)   @asking_to_pastor

신앙생활하면서 느끼는 실질적인 질문들에 대한 속 시원한 대답!
서정모 목사님의 릴스 콘텐츠에는 감동이 있다.

J-YOU | 제이유 묵상일기   @jesus___you

한 크리스천 대학생이 끄적이는 예수님과 함께하는 일상.
귀엽고 솔직한 매력에 입가에 미소가 지어진다.

하나님의 편지   @letters.of.god

수많은 팔로워와 함께하는 임소영 전도사님의 청년 전도사 성장 기록.
청년들이 고민할 법한 실질적인 묵상들이 많이 올라오는 편!

바이블365   @bible365_

크리스천에게 꼭 필요한 인사이트들을 아카이빙하는 계정.
마케터가 운영하는 거 아니야? 라고 말할 정도로 참고할 만한 센스 있는
게시물들과, 스토리 게시물의 활용도가 인상적!

네버티   @never.theless___

기독교 예능을 표방하며, 질 높은 유머 콘텐츠들을 생산하는 계정.
많은 이에게 하나님 나라의 선한 웃음과 행복을 선사하는 중.

나도움 목사   @domtic

우리나라에서 가장 많은 이동량을 자랑하는 나도움 목사님의 개인 계정.
개인 계정이지만 중요한 이슈들이나, 꼭 필요하다고 생각했던 활동들,
콘텐츠들이 정말 많이 수록되어 있다.

페이지처치   @page_church

꾸준한 퀄리티의 깊이 있는 묵상을 위해 꼭 팔로우 해야 할 계정.
신재웅 목사님 특유의 운율감 있는 묵상이 좋다.

캐치프레이즈   @catch.praise

찬양에 대한 큐레이션을 주로 진행하는 콘텐츠 계정. 최근 찬양 가사에 대한
묵상이나, 예배팀 인터뷰를 통해 지경을 넓혀 가는 중!

이구찬(29초찬양)   @29sgospel

은혜롭고 감동적인 찬양을 29초짜리 릴스로 제공하는 계정.
찬양 큐레이션을 위해 꼭 보게 되는 계정 중 하나.

cross_to_kor   @cross_to_kor

은혜롭고 재미있는 해외 크리스천 콘텐츠를 번역하는 계정.
콘텐츠를 방해하지 않는 섬세한 초월 번역 솜씨로 은혜와 감동을 준다.

샘 곁의 가지   @fruitful_vine_

외국의 설교 번역, 찬양 번역 등이 주로 올라오는 계정.
알고리즘에 자주 걸릴 정도로 흥미로운 제목의 콘텐츠가 자주 올라온다.

로드앤미   @lord_andme

주가 주 되심을 전하는 청년의 계정.
하나님과 동행하기 위한 운영자의 여러 꿀팁이 카드뉴스 형태로 잘 녹아 있다.